Lillian Toos Praktisches Feng Shui

*Dieses Buch widme ich meinem
hochgeschätzten Lehrer, dem verehrungswürdigen
Lama Zopa Rinpoche*

*Für meine Tochter Jennifer Too und
meinen Mann Too Wan Jin*

Und für das vollkommene Glück aller Lebewesen

Lillian Toos Praktisches Feng Shui

168 traditionelle Wege
zu mehr Glück und Erfolg
in Privatleben und Beruf

Die Originalausgabe erschien 1998 in Malaysia unter dem Titel
„Lillian Too's Personalised Feng Shui Tips" bei Konsep Books, Malaysia

Die Ausgabe für Großbritannien erschien 1999
unter dem Titel „Lillian Too's Easy-to-use Feng Shui. 168 ways to success"
bei Collins & Brown Limited
London House, Great Eastern Wharf, Parkgate Road, London SW11 4NQ

© 1999 Collins & Brown Limited
Text © 1999 Lillian Too
All rights reserved

Deutschsprachige Ausgabe:
© 2000 Gräfe und Unzer Verlag GmbH, München / 5 4 3 2 1
Printed in Italy

Alle Rechte vorbehalten. Nachdruck, auch auszugsweise, sowie die Verbreitung durch Film, Funk
und Fernsehen, durch fotomechanische Wiedergabe, Tonträger und Datenverarbeitungssysteme
jeglicher Art nur mit schriftlicher Genehmigung des Verlags.

Übersetzung aus dem Englischen: Verlagsbüro, München
Projektleitung: Birgit Dollase
Redaktion und Satz: Verlagsbüro, München
Umschlaggestaltung: Grafikhaus
Bildrechte: Collins & Brown Limited, mit Ausnahme der auf Seite 159 erwähnten
ISBN: 3-7742-1834-X

Sie können Lillian Too auch im Internet treffen: www.worldoffengshui.com und
www.lillian-too.com

Inhalt

Kapitel 1
Feng Shui für Zuhause

Die Optimierung Ihres persönlichen Umfelds
1. Bestimmen Sie Ihre optimale Richtung
2. Ihre glückbringenden Himmelsrichtungen
3. Nutzen Sie die Energien der Umgebung
4. Vermeiden Sie ungünstige Einrichtungselemente
5. Pfeile abwehren, die Ihre Eingangstür treffen
6. Ihre optimale Schlafrichtung
7. Wählen Sie immer die beste Sitzposition
8. Früchte als Glückssymbol
9. Feng Shui als Tradition

Die Inneneinrichtung gestalten
10. Die Vier Säulen des Feng Shui
11. Ihre positiven Elemente
12. Vermeiden Sie die destruktiven Elemente
13. Kaufen Sie sich Goldfische als Glücksbringer
14. Nutzen Sie glückbringende Schriftzeichen
15. Pfingstrosen beeinflussen Ihr Liebesglück
16. Die richtigen Farben für Ihr Glück
17. Pflanzen Sie einen Orangen- oder Zitronenbaum
18. Feng Shui und Pflanzen im Haus
19. Vorhänge als Glücksbringer
20. Sie sollten in einem Feng-Shui-Bett schlafen
21. Mit Teppichen legen Sie ein solides Fundament
22. Feng-Shui-Tips für Ihre Blumen im Haus
23. Benutzen Sie Feng-Shui-Münzen und -Glocken
24. Die günstigste Position für Ihren Herd
25. Stellen Sie Hi-Fi-Anlagen an eine Westwand
26. Schrubber immer aufräumen
27. Richten Sie Ihr Bad zurückhaltend ein
28. Vermeiden Sie offene Regale

Kapitel 2
Feng Shui für privates Glück

Stärkung von Liebe und Familienglück
29. Ein Wohnzimmer voller Harmonie
30. Machen Sie positive Familienfotos
31. Mandarinenten verbessern Ihr Liebesleben
32. Spiegel im Schlafzimmer bringen Ihnen Probleme
33. Vermeiden Sie geteilte Matratzen
34. Schlafen Sie nicht mit dem Kopf in Richtung Tür
35. Feng-Shui-Tips für kinderlose Paare
36. Wenn Sie Probleme mit Ihren Kindern haben
37. Nutzen Sie Kristalle als „Liebesmagnet"
38. Mit Feng Shui können Sie die Partnerschaft stärken
39. Aktivieren Sie Ihre „Liebes-Bereiche"
40. Halten Sie die Energien in der Balance
41. Verwenden Sie Gegenstände nur paarweise
42. „Glücksdekor" für Ihr Schlafzimmer
43. Holen Sie sich Hilfe von Mutter Erde
44. Hängen Sie einen Leuchter in den Südwesten

Stärkung von Freundschaften
45. Mehr soziale Kontakte mit Feng Shui
46. Windspiele steigern Ihre Beliebtheit
47. Stärken Sie Ihre Freundschaften
48. Vermeiden Sie drei Personen auf einem Bild
49. Die richtige Sitzordnung bei Ihren Festen
50. Vorsicht vor Messern und Scheren
51. Verschenken Sie keine Messer
52. Gutes Feng Shui für Ihre Nachbarn
53. Zeigen Sie nicht mit dem Finger
54. Hilfreiche Freunde
55. Lehnen Sie nie einen Schluck zum Abschied ab
56. Das letzte Stück bringt Ihnen Unglück
57. Vorsicht mit Tee- und Kaffeekannen
58. Verwenden Sie kein beschädigtes Geschirr

Kapitel 3
Feng Shui im Büro

Optimierung Ihres Arbeitsbereichs
59 Die ideale Position für Ihren Arbeitsplatz
60 Aktivieren Sie Ihre Kompaßfelder
61 Aktivieren Sie Ihre Glücks-
    richtungen
62 Schützen Sie sich vor
    schlechtem Feng Shui
63 Vermeiden Sie „tödliches Chi"
64 Feng Shui für Ihren Sitzplatz
65 Verlangsamen Sie den Energiefluß im Raum
66 Achten Sie auf die Sitzordnung
67 Wählen Sie die richtige Sitzposition

Ausstattung des Büros nach persönlichen Bedürfnissen
68 Der ideale Schreibtisch für mehr Erfolg im Beruf
69 Fördern Sie Ihre berufliche Karriere
70 Sichern Sie sich Rückenstärkung durch einen Berg
71 Die Schildkröte als Garant für Ihren Erfolg
72 Ein Wassersymbol bringt Ihnen Glück
73 Der beste Standort für Ihr Telefon
74 Der Rote Glücksvogel des
    Südens
75 Die Zahl 8 und andere
    Glückszahlen
76 Vermeiden Sie extreme
    Sonneneinstrahlung
77 Farben steigern Ihr Glück
78 Feng-Shui-Maße für
    Stühle und Tische

Positive und negative Gegenstände
79 So verbessern Sie Ihre
    Geschäftsbeziehungen
80 Ein „Geldeimer" bringt Reichtum
81 Pflanzen im Südosten steigern Ihren Profit
82 Münzen und Glocken sind gut fürs Geschäft
83 Wählen Sie die richtige Türform
84 Die Bedeutung von Fenstern
85 Der Feng-Shui-Fisch bringt Ihnen Glück
86 Kunstobjekte mit positiver Energie für Ihr Büro
87 Schutz vor Einbrechern
88 Räumen Sie Ihre Putzgeräte auf

Kaitel 4
Feng Shui im Beruf

Verbesserung Ihrer Erfolgsaussichten
89 Nehmen Sie Ihre Karriere selbst in die Hand
90 Mehr Erfolg durch Feng-Shui-Türen
91 Wählen Sie Ihre „Power-Position"
92 Plazieren Sie Ihren Schreibtisch richtig
93 Die besten Himmelsrichtungen für Ihre Reise
94 Mehr Anerkennung durch Feng Shui
95 Das Feng Shui Ihrer Aktenordner
96 Vermeiden Sie Unglück durch die Fünf Gelben
97 Was Ihre Unterschrift über Sie aussagt
98 Verschenken Sie keine Uhren

Gepflegtes Äußeres
99 Wählen Sie die richtige Kleidung
100 Achten Sie auf den Ausgleich der Elemente
101 Die richtige Kombination der Elemente hilft Ihnen
102 Ihre idealen Muster- und Farbkombina-
    tionen
103 Negative Energie durch falsche Kleidung
104 Lassen Sie die Wäsche nie über Nacht
    hängen
105 Ein gepflegtes Äußeres für gutes Feng Shui
106 Wählen Sie die richtigen Accessoires
107 Beachten Sie beim Schminken bestimmte
    Regeln
108 Beachten Sie beim Toilettentisch einige
    Regeln
109 Optimieren Sie Ihr Make-up mit Feng Shui

Unterstützung von hilfreichen Freunden
110 Nutzen Sie das mächtige Symbol des Drachen
111 Der Phönix – Symbol für die Gunst
    der Stunde
112 Sichern Sie sich die Hilfe von
    Freunden
113 Aktivieren Sie Ihre Schutzsymbole
114 Sichern Sie Ihren Rücken
115 Machen Sie sich den
    Nordwesten zunutze
116 Ch'ien-Energie –
    Ihr einflußreicher Helfer

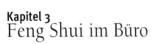
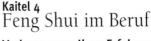

Kapitel 5
Feng Shui für mehr Wohlstand

Die Verbesserung Ihres Einkommens
117 Nutzen Sie die Kraft der Feng-Shui-Münzen
118 Sitzen Sie im Büro immer in Ihrer Erfolgsrichtung
119 Feng-Shui-Visitenkarten bringen Ihnen Glück
120 Eine Geldkassette bringt Ihnen Glück
121 Aktivieren Sie Ihr geschäftliches Glück
122 Der Wasserdrache fördert Ihren Wohlstand
123 Eine Vase sichert Ihren Wohlstand
124 Gewinnen Sie den Gott des Reichtums für sich
125 Ein dreibeiniger Frosch als Glückssymbol
126 Mit einer Schildkröte locken Sie das Glück an
127 Klingende Glocken steigern Ihren Umsatz
128 Drei Glücksmünzen für Ihren Wohlstand
129 Spiegel verdoppeln Ihr Geld
130 Drei Tips für die Einrichtung Ihres Geschäftes
131 Ein Hufeisen bringt Ihnen Glück
132 Begünstigen Sie durch Bambus Ihr Schicksal
133 Feng-Shui-Design für Restaurants
134 Feuer-Symbole beflügeln das Immobiliengeschäft
135 Mit Pflanzen erhalten Sie positive Energien
136 Das Gleichgewicht der Elemente
137 Die Energie der Erde bringt Ihnen Glück
138 Schützen Sie Ihr Firmenschild
139 Glückszahlen bringen Ihnen Wohlstand

Unternehmer und ihre Firmengebäude
140 Günstige Firmenlogos
141 Ein großzügiger Eingang fördert gutes Feng Shui
142 Vorsicht vor ungünstigen Gebäudeformen
143 Der Firmensitz braucht ein stabiles Fundament
144 Überprüfen Sie die Lage Ihres Gebäudes
145 Abriß ist schlecht für Ihr Geschäft

Kapitel 6
Feng Shui im und um das Haus

Der Frontbereich Ihres Hauses
146 Ein „heller Saal" beschert Ihnen großes Glück
147 Geschwungene Wege verlangsamen gutes Chi
148 Wie die Farben der Blumen Ihr Heim bereichern
149 Mit Pflanzen ziehen Sie Yang-Energie an
150 Wie Sie Unglück von Ihrer Eingangstür fernhalten
151 Verwenden Sie kein Wasser in Nähe der Tür
152 Verwenden Sie Feng-Shui-Gartentore
153 Schützen Sie sich durch Fu-Hunde
154 Ein geräumiges Foyer erzeugt ein gutes Feng Shui
155 Stellen Sie einen Hausaltar auf
156 Die Eingangstür als Glücksbringer
157 Trennen Sie Eingang und Toiletten
158 Was Sie bei der Haustür vermeiden sollten
159 Vermeiden Sie gefährliche Pfeiler

Innengestaltung Ihres Hauses
160 Was Sie bei Treppen beachten sollten
161 Verdoppeln Sie das Glück Ihres Eßzimmers
162 Der richtige Standort für Ihre Küche
163 Verbessern Sie den Chi-Fluß in Ihrem Zimmer
164 Entschärfen Sie Ecken und Balken
165 Steigern Sie Ihr Glück mit zusätzlichen Türen
166 Verbessern Sie das Feng Shui des Schlafzimmers
167 Vermeiden Sie zu viele Außenecken und Säulen
168 Das richtige Dach als Schutz und Schirm

Jahresbeginn im Mondkalender 1924–1995

Mondkalender zur Berechnung Ihrer persönlichen KUA-Zahl, auf die in Tip 1 und an vielen anderen Stellen des Buches Bezug genommen wird.

Jahr	Mondjahr begann am	Jahr	Mondjahr begann am
1924	5. Feb.	1960	28. Jan.
1925	24. Jan.	1961	15. Feb.
1926	13. Feb.	1962	5. Feb.
1927	2. Feb.	1963	25. Jan.
1928	23. Jan.	1964	13. Feb.
1929	10. Feb.	1965	2. Feb.
1930	30. Jan.	1966	21. Jan.
1931	17. Feb.	1967	9. Feb.
1932	6. Feb.	1968	30. Jan.
1933	26. Jan.	1969	17. Feb.
1934	14. Feb.	1970	6. Feb.
1935	4. Feb.	1971	27. Jan.
1936	24. Jan.	1972	15. Feb.
1937	11. Feb.	1973	3. Feb.
1938	31. Jan.	1974	23. Jan.
1939	19. Feb.	1975	11. Feb.
1940	8. Feb.	1976	31. Jan.
1941	27. Jan.	1977	18. Feb.
1942	15. Feb.	1978	7. Feb.
1943	5. Feb.	1979	28. Jan.
1944	25. Jan.	1980	16. Feb.
1945	13. Feb.	1981	5. Feb.
1946	2. Feb.	1982	25. Jan.
1947	22. Jan.	1983	13. Feb.
1948	10. Feb.	1984	2. Feb.
1949	29. Jan.	1985	20. Feb.
1950	17. Feb.	1986	9. Feb.
1951	6. Feb.	1987	29. Jan.
1952	27. Jan.	1988	17. Feb.
1953	14. Feb.	1989	6. Feb.
1954	3. Feb.	1990	27. Jan.
1955	24. Jan.	1991	15. Feb.
1956	12. Feb.	1992	4. Feb.
1957	31. Jan.	1993	23. Jan.
1958	18. Feb.	1994	10. Feb.
1959	8. Feb.	1995	31. Jan.

Ein persönlicher Wunsch von Lillian Too

Vor fünf Jahren schrieb ich mein erstes Buch zum Thema Feng Shui. Mir bot sich die einmalige Gelegenheit, diese wundervolle Lehre einem breiten Publikum vorzustellen und diese wertvolle Tradition des chinesischen Volkes zu bewahren. Mir war zu dieser Zeit noch nicht bewußt, daß Feng Shui in so vielen Ländern begeisterte Anhänger finden würde. Der Grund ist wohl, daß man durch Feng Shui mit geringem Aufwand Einfluß auf Lebensqualität und Glück ausüben kann.

Viele wunderbare Menschen haben zu diesem neuen Interesse an Feng Shui beigetragen – darunter alte Feng-Shui-Meister, traditionsbewußte Anwender und aufgeschlossene junge Menschen. Viele Autoren haben dabei eine wichtige Rolle gespielt, indem sie ihr Wissen uneigennützig weitergaben und so ihren Beitrag zur Verbreitung dieser uralten Bräuche leisteten. Ich möchte an dieser Stelle besonders jene Autoren erwähnen, die Pionierarbeit geleistet haben. Dazu gehören Autoren wie Derek Walters, Stephen Skinner, Sarah Rossbach, Kwok Man Ho, Evelyn Lip und Raymond Lo, um nur einige zu nennen.

Die Grundlagen des Feng Shui sind einfach zu lernen. Doch die Lehre beinhaltet eine enorme Bandbreite an Regeln und geht in der Analyse und Anwendung sehr viel mehr in die Tiefe, als man zunächst glaubt. Ich persönlich bin immer wieder erstaunt darüber, wieviel ich ständig dazulerne. Ich lasse mich bei meinen Veröffentlichungen auch von den zahlreichen Briefen und E-Mails inspirieren, die ich täglich bekomme. Der Austausch mit meinen Lesern hilft mir, die Erklärungen zu den Feng-Shui-Empfehlungen ständig zu verbessern.

In diesem Buch wird immer wieder auf die persönliche KUA-Zahl und die günstigsten Richtungen des Einzelnen verwiesen. Mit Hilfe des Mondkalenders auf der vorhergehenden Seite kann man seine persönliche KUA-Zahl errechnen.

Darüber hinaus habe ich versucht, dem wachsenden Interesse an einfach anwendbaren Feng-Shui-Regeln gerecht zu werden. Ich habe dabei auf meine alten Bücher und Aufzeichnungen zurückgegriffen und Tips zusammengestellt, die allesamt für den alltäglichen Gebrauch geeignet sind. Es war mir eine Freude, dieses Buch zu schreiben, und ich hoffe inständig, daß jeder Leser darin etwas findet, das ihm das ersehnte Glück bringt.

Kapitel 1

FENG SHUI FÜR ZUHAUSE

DIE OPTIMIERUNG IHRES PERSÖNLICHEN UMFELDS

Bestimmen Sie Ihre optimale Richtung

Für die Anwendung Ihres persönlichen Feng Shui ist es wichtig, daß Sie zuerst die vier günstigsten Richtungen Ihres persönlichen Umfelds bestimmen. In diesen Bereichen befinden sich in jedem Raum, ob Büro oder Wohnung, Ihre „Glückspunkte". Gleichgültig, an welcher dieser besonderen Stellen Sie sich aufhalten, sitzen, schlafen oder arbeiten: Sie werden Ihnen Glück bringen und Sie vor schlechten Einflüssen bewahren. Die Methoden zur Bestimmung dieser positiven Orte sind Bestandteil der althergebrachten Feng-Shui-Schule der Acht Himmelsrichtungen (Kompaßmethode).

Bestimmung der KUA-Zahl

Zur Bestimmung Ihrer günstigen Himmelsrichtungen sollten Sie zunächst Ihre KUA-Zahl errechnen. Wer zwischen dem 1. Januar und dem 20. Februar geboren ist, kann in der Tabelle (siehe Seite 8) das Datum erkennen, an dem das Mondneujahr in seinem Geburtsjahr lag. Wenn Sie vorher geboren sind, ziehen Sie zunächst 1 von Ihrem Geburtsjahr ab. Wenn Sie beispielsweise am 7. Februar 1964 geboren sind, gilt 1963 als Ihr Geburtsjahr. Denn Sie sehen, das Mondneujahr lag in diesem Jahr erst auf dem 13. Februar.

Nachdem Sie Ihr Mondgeburtsjahr herausgefunden haben, errechnen Sie an-

schließend mit folgender Formel Ihre KUA-Zahl: Wenn Sie zum Beispiel im Jahr 1968 geboren sind, addieren Sie 6 + 8; Sie erhalten 14; nun addieren Sie 1 + 4 und erhalten 5. Männer gehen anschließend von der Zahl 10 aus und ziehen davon die errechnete Zahl ab (hier 5; also 10 − 5 = 5). Die KUA-Zahl ist in diesem Fall 5.

Frauen fügen dagegen zu der aus dem Geburtsjahr errechneten Zahl 5 hinzu (hier 5 + 5 = 10; dann 1 + 0 = 1). Die KUA-Zahl einer Frau Jahrgang 1968 ist somit 1, die eines Mannes 5.

Mit Hilfe der KUA-Zahl können Sie in der untenstehenden Tabelle überprüfen, welche Himmelsrichtungen sich auf Sie günstig auswirken und ob Sie mehr der westlichen oder der östlichen Gruppe entsprechen.

Günstige Bereiche und Standorte

Ihre KUA-Zahl	Ihre günstigen Bereiche in absteigender Glücksordnung	Entsprechen Sie der östlichen oder westlichen Gruppe?
1	Südosten, Osten, Süden, Norden	Osten
2	Nordosten, Westen, Nordwesten, Südwesten	Westen
3	Süden, Norden, Südosten, Osten	Osten
4	Norden, Süden, Osten, Südosten	Osten
5	Männer: Nordosten, Westen, Nordwesten, Südwesten	
	Frauen: Südwesten, Nordwesten, Westen, Nordosten	Westen
6	Westen, Nordosten, Südwesten, Nordwesten	Westen
7	Nordwesten, Südwesten, Nordosten, Westen	Westen
8	Südwesten, Nordwesten, Westen, Nordosten	Westen
9	Osten, Südosten, Norden, Süden	Osten

Beachten Sie, daß sich westliche Bereiche für die östliche Gruppe ungünstig auswirken können und umgekehrt.

FENG SHUI FÜR ZUHAUSE
DIE OPTIMIERUNG IHRES PERSÖNLICHEN UMFELDS

Ihre glückbringenden Himmelsrichtungen

2

Die Feng-Shui-Schule der Acht Himmelsrichtungen basiert auf dem persönlichen Geburtsdatum und dem Geschlecht. Kompaßpunkte geben positive Orte und Himmelsrichtungen an. Bei der Bestimmung der günstigsten Himmelsrichtungen zum Sitzen und Schlafen sollten Sie Ihre persönlichen Richtungen kennen. Prägen Sie sich die für Sie vorteilhaften Richtungen ein. Wählen Sie möglichst immer eine Sitzposition, bei der Sie in die für Sie günstigste Richtung blicken. Sollte dies in der Praxis nicht möglich sein, nutzen Sie ersatzweise eine der drei anderen positiven Richtungen. Eine ungünstige Sitzposition kann sich sehr schädlich auswirken! Es gibt verschiedene Formen von

Günstige und ungünstige Himmelsrichtungen

Ihre KUA-Zahl	1	2	3	4	5	6	7	8	9
Günstige Richtungen									
Ihr Sheng Chi oder Erfolgsrichtung	SO	NO	S	N	NO SW	W	NW	SW	O
Ihr Tien Yi oder Gesundheitsrichtung	O	W	N	S	W NW	NO	SW	NW	SO
Ihr Nien Yen oder Liebesrichtung	S	NW	SO	O	NW W	SW	NO	W	N
Ihr Fu Wei oder persönliche Entwicklungsrichtung	N	SW	O	SO	SW NO	NW	W	NO	S
Ungünstige Richtungen									
Ihr Ho Hai oder Unglücksrichtung	W	O	SW	NW	O S	SO	N	S	NO
Ihr Wu Kwei oder Fünf-Geister-Richtung	NO	SO	NW	SW	SO N	O	S	N	W
Ihr Lui Sha oder Richtung der Sechs Todesfälle	NW	S	NO	W	S O	N	SO	O	SW
Ihr Chueh Ming oder Untergangsrichtung	SW	N	W	NO	N SO	S	O	SO	NW

Glück und Unglück: Als die „Fünf Geister" bezeichnet man fünf Arten von Unglück, die Ihren Weg zum Erfolg behindern. Die „Sechs Todesfälle" symbolisieren extremes Unglück in Form von Krankheit, Unfällen oder Verrat. Die Richtungen ergeben sich aus den individuellen KUA-Zahlen (siehe Tip 1) und sind in der Tabelle oben aufgeführt. Für Männer mit der KUA-Zahl 5 gelten die oberen Himmelsrichtungen, für Frauen die unteren.

Besorgen Sie sich einen guten Kompaß, damit Sie überall und jederzeit Ihre optimale Himmelsrichtung bestimmen können.

FENG SHUI FÜR ZUHAUSE
DIE OPTIMIERUNG IHRES PERSÖNLICHEN UMFELDS

3 Nutzen Sie die Energien der Umgebung

Wie macht sich ein schlechter Feng-Shui-Einfluß bemerkbar? Diese Frage wird mir oft gestellt. Wichtig ist, daß Sie mehr Gespür für die Einflüsse der Umgebung entwickeln. Achten Sie auf Dinge, die immer wieder schiefgehen. Bereits Shakespeare sagte: „Ein Unglück kommt selten allein." Unbewußt brachte er damit die Wirkung eines schlechten Feng Shui zum Ausdruck. Unglück als Ergebnis schlechten Feng Shuis tritt nie als einzelnes Ereignis auf, sondern wiederholt sich in regelmäßigen Abständen.

Unausgeglichene Energien oder – wie es im Feng Shui heißt – „Tödlicher Atem" löst sofort eine Kette von negativen Ereignissen aus. Ihre Umgebung und die Einrichtungsgegenstände in Ihrem Wohnbereich strahlen verschiedene Energien aus. Diese können sich deutlich, oft auch nur ansatzweise bemerkbar machen und sowohl positive als auch negative Auswirkungen haben. Mit anderen Worten: Sie bringen Glück oder Unglück. Aus diesem Grund sollten Sie versuchen, die unmittelbar auf Sie einwirkenden Energien zu erspüren. Mit etwas Sensibilität für Ihre Umgebung lernen Sie, negative Schwingungen zu erkennen und von den positiven Energien zu profitieren. Wohnungs- und Bürowechsel sind gute Gelegenheiten, das Feng Shui Ihrer Umgebung einmal zu prüfen. Aber auch Jahreswechsel, der Beginn eines Jahrzehnts oder das Mondneujahr eignen sich dafür.

Energiefluß

Beobachten Sie aufmerksam alle Veränderungen in Ihrem Haus. Achten Sie einmal bewußt auf den Energiefluß, wenn Sie durch Ihre Wohnung oder Ihr Haus gehen. Energie, die frei und fließend durch die Räume schwingen kann, wirkt sich viel positiver aus als Energie, die schnell und auf geradem Weg den Raum durchfließt. Achten Sie deshalb darauf, wie Sie sich selbst in Ihren Räumen bewegen, und wie der Grundriß der Wohnung und die Einrichtungsgegenstände Ihre Bewegungsabläufe beeinflussen. Zu viele Winkel und Ecken behindern den positiven Energiefluß. Negative Ereignisse können die Folge sein. Sie werden Ihre selbstgesteckten Ziele nur schwer oder vielleicht gar nicht erreichen. Wenn der Energiefluß zum Stillstand gekommen ist, werden Sie die gleichen Auswirkungen beobachten.

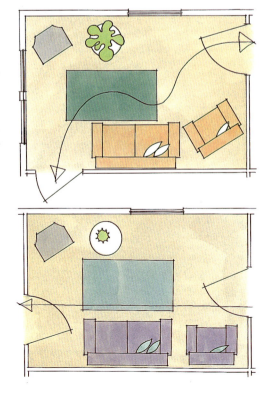

In diesem Zimmer ist der Energiefluß optimal. Er kann sich hier harmonisch um die Möbel schlängeln und durch die zweite Tür wieder austreten.

Hier dagegen ist der Energiefluß schlecht, da er durch die eine Tür in das Zimmer hineinströmt, es aber durch die andere zu schnell wieder verläßt.

Feng Shui für Zuhause
Die Optimierung Ihres persönlichen Umfelds

Vermeiden Sie ungünstige Einrichtungselemente

4

In meiner Nachbarschaft konnte ich vor einiger Zeit den Bau einer Villa beobachten. Die Bauherren waren offensichtlich reiche Leute. Jedoch hätten sie bei der Planung einen Feng-Shui-Meister zu Rate ziehen sollen, um ihre Haupteingangstür nach Feng-Shui-Richtlinien zu planen. Die Eingangstür öffnete sich direkt auf eine Säule hin, die mitten im Foyer stand. Knapp drei Monate nach Einzug erlitt der Vater einen Herzanfall, und die Familie verlor Ihre wirtschaftliche Existenzgrundlage.

Achten Sie deshalb auf jedes Einrichtungselement und versuchen Sie, dessen schlechte Feng-Shui-Eigenschaften abzuhalten. Dies gelingt Ihnen am besten durch das Aufstellen von Pflanzen oder Wandschirmen, manchmal auch mit Hilfe von Lichtquellen.

Pfeiler und Säulen

Quadratische Pfeiler blockieren Türen und sollten daher vermieden werden. Schwächen Sie die Wirkung von Ecken mit Spiegeln oder durch Kletterpflanzen ab. Runde Säulen hingegen sind weniger schädlich. Sollten sie sich jedoch direkt gegenüber einer Eingangstür befinden, sollte man sich auch vor ihnen in acht nehmen – ihre Wirkung kann „tödlich" sein. Um die negativen Einflüsse abzuhalten, empfiehlt es sich, Wandschirme zwischen der Säule und der Türe zu plazieren.

Wendeltreppen

Wendeltreppen wirken sich ungünstig aus. Befinden sie sich in der Mitte des Hauses, können sie sogar zu einer Katastrophe führen. Der Freiraum zwischen den Stufen kann

Oben: Wendeltreppen sind im Haus unvorteilhaft. Eine stabile halbrunde Treppe wirkt sich dagegen positiv aus, vorausgesetzt, sie befindet sich nicht gegenüber der Eingangstür.

Geldverlust verursachen, und der spiralförmige Aufbau symbolisiert großes Unglück.

Wandschirme

Dekorative Raumteiler sollten niemals wie auf der Abbildung unten gestellt werden. Auf diese Weise erzeugen sie „Giftige Pfeile". Wandschirme sollten unbedingt gerade aufgestellt sein. So sind sie ausgezeichnete Feng-Shui-Hilfsmittel, besonders bei ungünstiger schnellfließender Energie.

Links: Dekorative Paravents eignen sich, um vor negativen Elementen im Raum zu schützen. Sie sollten jedoch gerade aufgestellt werden – sie erzeugen sonst „Giftige Pfeile."

Feng Shui für Zuhause

Die Optimierung Ihres persönlichen Umfelds

5 Pfeile abwehren, die Ihre Eingangstür treffen

Eine Haustür sollte nicht der „tödlichen Energie" unsichtbarer „Giftiger Pfeile" ausgesetzt sein. Sie kann sonst nicht von gutem Feng Shui profitieren, selbst wenn Richtung, Standort und Farbschema optimal gewählt sind. Ein einziger „Giftiger Pfeil" – etwas Spitzes, Scharfkantiges oder Gerades – kann jede sorgfältig durchdachte Feng-Shui-Gestaltung zerstören. Daher ist es notwendig, sein individuelles Umfeld zu beobachten. Das Augenmerk sollte dabei auf Gegenstände gerichtet sein, die diese „Giftigen Pfeile" innerhalb und außerhalb der Wohnung versinnbildlichen. Gewöhnlich ist man den negativen Auswirkungen einer geraden Straße, die direkt auf die eigene Eingangstür zuläuft, hilflos ausgeliefert. Wenn es möglich ist, benutzen Sie einen anderen Eingang und nicht mehr den ursprünglichen. Die sicherste Methode ist jedoch, den Standort und die Ausrichtung der Eingangstür zu ändern. Ist dies nicht möglich, haben sich in der Praxis ein achtseitiger Pa-Kua-Spiegel oder ein Windspiel mit fünf Stäben gut bewährt, um die negativen Energien abzuwehren oder ihren Einfluß zu schwächen.

Das Pa Kua

Das achtseitige Pa-Kua-Symbol über der Eingangstür ist ein wirkungsvolles Feng-Shui-Symbol. Dieses Pa Kua ist auch bekannt als „Yin-Pa-Kua". Seine Kraft resultiert aus der Anordnung von bestimmten Trigrammen an jeder der acht Seiten. Dieses spezielle Yin-Arrangement wird oft als „vor-himmlische Reihenfolge" bezeichnet. Der Spiegel in der Mitte kann konvex oder auch konkav sein. Beide Varianten funktionieren gleichermaßen gut. Bringen Sie das Pa Kua immer außerhalb Ihres Hauses an. Denn in Innenräumen kann es Unheil bringen und Ihre gesamte positive Feng-Shui-Energie zerstören. Der Pa-Kua-Spiegel sollte aus diesem Grunde auch vom Haus abgewandt angebracht werden!

Schlechtes Shar

Wenn eine Straße direkt auf Ihr Haus zuläuft, kann ein Pa-Kua-Spiegel über der Tür das schlechte Shar abwehren. Das Pa Kua ist ein kraftvolles Symbol – deshalb sollte es vorsichtig angewendet werden. Eine Ausrichtung des Spiegels auf Ihre Nachbarn sollten Sie unbedingt vermeiden.

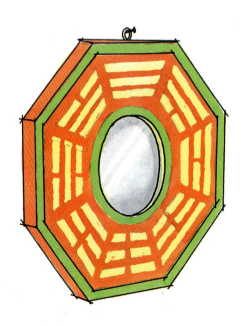

Feng Shui für Zuhause
Die Optimierung Ihres persönlichen Umfelds

Ihre optimale Schlafrichtung

6

Haben Sie die Möglichkeit, Ihren Schlafraum in der Wohnung selbst zu bestimmen, sollten Sie sich für einen Raum entscheiden, der in dem für Sie günstigsten Bereich der Wohnung liegt, beispielsweise in Ihrer individuellen Sheng-Chi-Richtung (siehe Tip 2).

Wenn diese Wahlmöglichkeit nicht gegeben ist, orientieren Sie sich ersatzweise an den nächstbesten Himmelsrichtungen. Wenn Sie aus Platzgründen nicht in der Lage sind, Ihre Wohnung optimal nach Feng-Shui-Richtlinien zu gestalten, sollte Sie das nicht beunruhigen – niemand lebt in einer perfekten Umgebung.

Ihr Bett sollte aber auf jeden Fall so stehen, daß Ihr Kopf in eine günstige Richtung zeigt. Während des Schlafs sollten positive Energien aus Ihrer Sheng-Chi-Himmelsrichtung auf Sie wirken können. So kommen Sie in den Genuß von gutem Feng Shui.

Für geschäftlichen Erfolg und Glück im Beruf hilft ein „Sheng-Chi-Schlafzimmer". Wenn z.B. Ihre persönliche Sheng-Chi-Richtung Norden ist, dann wählen Sie für Ihr Schlafzimmer den Nord-Bereich Ihres Hauses. Falls dies nicht möglich ist, richten Sie sich so ein, daß Sie mit dem Kopf nach Norden schlafen oder zumindest in eine der anderen drei positiven Himmelsrichtungen.

Das Kopfende Ihres Bettes in die gewünschte günstige Richtung zu verschieben, ist ein einfacher Weg, um diese positiven Energien zu nutzen. Probieren Sie es einfach einmal aus, es gelingt fast immer und ist sicherlich einfacher und weniger aufwendig, als ein Zimmer komplett neu einzurichten.

Versuchen Sie Ihr Bett so zu stellen, daß Ihr Kopf in Ihre günstige Himmelsrichtung weist. Dabei sollten die Füße nie direkt auf die Tür zeigen. Vergewissern Sie sich, daß keine weiteren negativen Feng-Shui-Einflüsse auf Sie einwirken.

Ausrichtung des Bettes

Bei der Ausrichtung des Bettes sollte man darauf achten, daß:

- man nie direkt unter einem Balken schläft
- man nie von der Kante eines Wandvorsprungs beeinträchtigt wird
- die Füße nie direkt zur Tür weisen
- der Kopf oder die Füße nie zur Toilette zeigen
- die Kopfseite des Bettes nie direkt unter einem Fenster steht

Feng Shui für Zuhause
Die Optimierung Ihres persönlichen Umfelds

7 Wählen Sie immer die beste Sitzposition

Sitzen Sie bei einer Geschäftsbesprechung in einer für Sie vorteilhaften Himmelsrichtung. Wenn dies nicht möglich ist, sollten Sie zumindest ihren Körper in eine optimale Position drehen.

Durch Sitzposition und Blickrichtung, jeweils abhängig von Ihrer persönlichen KUA-Zahl (siehe Tip 1), erhalten Sie gute, aber auch schlechte Feng-Shui-Energien. Ihr individuelles Glück wird wesentlich durch den Sitzplatz im Büro beeinflußt. Entscheidend ist hier die Himmelsrichtung, in die man bei Verhandlungen, Präsentationen oder Vorträgen blickt. Ebenso kann die Position des Stuhls, auf dem man beim Essen, Arbeiten oder geselligen Beisammensein sitzt, gravierende Auswirkungen auf Ihr persönliches Feng Shui haben.

Positive Einflüsse lassen sich leicht dadurch erzielen, daß man seiner Sitzposition mehr Aufmerksamkeit schenkt. Achten Sie darauf, daß Ihr Büroschreibtisch und Ihr Stuhl vorteilhaft stehen!

Der Kompaß

Bei der Gestaltung des persönlichen Feng-Shui-Umfeldes ist es empfehlenswert, die jeweils eigenen optimalen Himmelsrichtungen zu beachten. Mit einem Kompaß ist man immer in der Lage, diese herauszufinden und somit negative Einflüsse zu vermeiden.

Unabhängig von der Position des Stuhles kann man seinen Körper z. B. so drehen, daß er zumindest in eine der vier vorteilhaften Himmelsrichtungen zeigt. Bei Vorstellungsgesprächen, Prüfungen oder Besprechungen außerhalb des gewohnten Umfelds kann dies außerordentlich hilfreich sein.

Praktische Anwendung
- Setzen Sie sich bei romantischen Abendessen in Ihre Nien-Yen-Richtung. Positive Gefühle werden dadurch gesteigert.
- In Prüfungen sollten Sie sich in Ihre Fu-Wei-Richtung setzen. Das gibt Ihnen den nötigen Ansporn.
- Bei wichtigen Gesprächen setzen Sie sich in die Sheng-Chi-Richtung. So steigern Sie Ihre Erfolgschancen.

FENG SHUI FÜR ZUHAUSE

DIE OPTIMIERUNG IHRES PERSÖNLICHEN UMFELDS

Früchte als Glückssymbol 8

Ein wunderbarer und zugleich nützlicher Einrichtungsgegenstand ist ein großer Wandspiegel im Eßzimmer. Er verdoppelt symbolisch die Nahrung auf dem Tisch. Darüber hinaus liefert der Spiegel an einer Nordwand Schutz und sichert das dauerhafte Wohlergehen der Familie. Geld und Reichtum kann er zwar nicht garantieren, er verhindert jedoch zuverlässig jeden Mangel an Nahrung.

Ein Spiegel sollte niemals in der Nähe eines Ofens angebracht werden. Hier entfaltet er eine völlig andere Wirkung und erzeugt ein sehr gefährliches Feng Shui. Körperliche Gebrechen – beispielsweise Arm- und Beinbrüche – können die Folge sein. Richtig plaziert im Eßzimmer dagegen vergrößert er die Glückschancen. Auch in der Küche ist Vorsicht geboten, hier können Spiegel gleichfalls eine gefährliche Wirkung entfalten.

Hier noch ein Tip zur Verbesserung der Mahlzeiten: Hängen Sie das Bild einer reifen Frucht ins Eßzimmer, oder stellen Sie eine Schale mit Früchten auf den Tisch. Beides erzeugt positive Energie und symbolisiert, daß auch in Zukunft immer ausreichend Nahrung im Haus vorhanden sein wird.

Eine reichlich gefüllte Obstschale auf dem Eßzimmertisch symbolisiert den Nahrungsreichtum im Haus. Ein Spiegel gegenüber dem Tisch vermittelt den Eindruck eines doppelten Essens.

Feng Shui als Tradition 9

Seit einigen Jahren hat das öffentliche Interesse an Feng Shui als Lehre einer harmonischen Lebensweise auch in China zugenommen. Selbst viele westlich erzogene junge Chinesen entdecken ihre Wurzeln und die Kultur ihrer Vorfahren neu. Sie richten ihr Leben wieder an der traditionellen Lehre des Feng Shui aus.

Und so spielt die Reisschale als Symbol für einen gesicherten Lebensunterhalt in vielen Familien wieder eine wichtige Rolle. Traditionsbewußte Familien geben diese glückbringenden Regeln und die damit verbundene Geisteshaltung mündlich von Generation zu Generation weiter. Meist sind es die Großmütter, die die alten Lehren überliefern.

Feng Shui für Zuhause
Die Inneneinrichtung gestalten

Die Vier Säulen des Feng Shui

Die Vier Säulen des Schicksals sind eine der Hauptlehren in der chinesischen Astrologie. Sie stehen für Jahr, Monat, Tag und Stunde der Geburt. Diese Informationen weisen die chinesischen Wahrsager dann den Acht Charakteren zu. Diese Charaktere sind die Elemente des Feng Shui: Holz – Wasser – Erde (spielt bei der Berechnung keine Rolle) – Feuer – Metall, jeweils mit einem Yin- und Yang-Aspekt. Jede der Säulen entspricht zwei Elementen, die man „Himmlische Stämme" und „Irdische Äste" nennt.

Diese auf den Vier Säulen basierende Feng-Shui-Methode analysiert die Elemente jedes Einzelnen und bestimmt daraus die Elemente, die ihm aufgrund der Konstellation bei seiner Geburt „fehlen". Die Betonung dieser fehlenden Elemente im persönlichen Umfeld stärkt das Feng Shui und führt zu innerem Gleichgewicht.

Diese Berechnung der persönlichen Vier Säulen und der Acht Charaktere ist äußerst kompliziert. Chinesische Astrologen in Hongkong benutzen für die Bestimmung dieser Vielzahl an Kombinationsmöglichkeiten komplexe Computerprogramme.

Nicht immer muß auf die Berechnung zurückgegriffen werden. Wichtig ist, daß alle Elemente in Ihrem persönlichen Umfeld ausgewogen vertreten sind und sich im Gleichgewicht befinden. In Ihrer Wohnung sollten einzelne Elemente nicht dominieren. Achten Sie auch darauf, daß in Ihrem Heim ein ausgewogenes Verhältnis zwischen Yin und Yang herrscht. Beachten Sie diese Feng-Shui-Grundsätze in der Praxis.

Fünf Elemente

Die Fünf Elemente des Feng Shui sind Holz, Feuer, Wasser, Erde und Metall. Sie wirken in einem Entstehungs- bzw. Zerstörungskreislauf aufeinander.

Der Entstehungskreislauf beschreibt, wie Holz Feuer speist, durch Feuer Erde entsteht, Erde Metall hervorbringt, Metall Wasser nährt und Wasser Holz erzeugt. Dieser Kreislauf gleicht einem Zyklus ohne Anfang und Ende.

Der Zerstörungskreislauf beschreibt, wie Holz Erde beeinträchtigt, Erde Wasser negativ beeinflußt, Wasser Feuer löscht, Feuer Metall verformt und Metall Holz zerstört. Auch dieser Kreislauf stellt einen endlosen Zyklus dar.

Jede Kombination von zwei Elementen, von denen eines das andere hervorbringt, ist harmonisch. Die Kompaßmethode reicht zur Bestimmung der vorteilhaften Himmelsrichtung aus (siehe Tip 2).
Folgende Elemente werden den Himmelsrichtungen zugeordnet: Osten und Südosten entsprechen Holz; Süden entspricht Feuer; Norden entspricht Wasser; Westen und Nordwesten entsprechen Metall; Südwesten und Nordosten entsprechen Erde. Mit Hilfe des Fünf-Elemente-Kreislaufs wird klar, wie Elemente entstehen oder sich gegenseitig zerstören.

Feng Shui für Zuhause
Die Inneneinrichtung gestalten
Ihre positiven Elemente

11

Orientieren Sie sich an der rechten Tabelle, um Feng Shui bei Ihrer Inneneinrichtung optimal umzusetzen. Dort finden Sie die Elemente, die Ihnen in verschiedenen Lebensbereichen Glück bringen werden. Hierfür benötigen Sie wieder Ihre KUA-Zahl (siehe Tip 1; bei 5: oben Männer, unten Frauen). Diese Elemente können Sie durch Stoffe, Muster, Farben und Formen in Ihre Wohnung einbringen. Für eine optimale Umsetzung sollten Sie die folgenden Grundregeln beachten:

- Zum Metall-Element gehören Gold und Silber. Symbolisiert wird es durch kreisförmige Muster und Objekte. Die Farben sind Metallic und Weiß.
- Das Wasser-Element ist wellig und gebogen, z. B. in der Form von Tropfen und Wolken. Die Farben sind Blau und Schwarz.
- Das Feuer-Element ist scharfkantig, spitz und dreieckig. Sein Symbol ist die Sonne. Die Farben sind Rot, Orange und kräftiges Gelb.
- Das Holz-Element ist rechteckig. Zu ihm gehören Bäume, Pflanzen und Blumen. Die Farben sind Braun und Grün.
- Das Erde-Element hat eine quadratische Form, und die Farben sind Beige und Hellgelb.

Günstige Elemente für Ihre jeweilige KUA-Zahl

Ihre KUA-Zahl	1	2	3	4	5	6	7	8	9
Ihr Erfolgselement	Kleines Holz	Kleine Erde	Großes Feuer	Wasser	Kleine Erde	Kleines Metall	Große Erde	Großes Holz	Großes Holz
Ihr Gesundheitselement	Großes Holz	Kleines Metall	Wasser	Feuer	Kleines Metall Großes Metall	Kleine Erde	Große Erde	Großes Metall	Kleines Holz
Ihr Liebeselement	Feuer	Großes Metall	Kleines Holz	Großes Holz	Großes Kleines Metall	Metall	Große Erde	Kleine Erde	Kleines Metall	Wasser
Ihr Bildungselement	Wasser	Große Erde	Kleines Holz	Großes Holz	Große Erde Kleine Erde	Großes Metall	Kleines Metall	Kleine Erde	Feuer

Mit der Tabelle oben können Sie Ihre optimalen Farben und Formen auswählen. In der Abbildung wird das Holz-Element durch das grüne Kissen und den rechteckigen Teppich repräsentiert, das Metall-Element durch den runden Teller.

Vermeiden Sie die destruktiven Elemente

Ungünstige Elemente Ihrer KUA-Zahl

Ihre KUA-Zahl	1	2	3	4	5	6	7	8	9
Ihr Unglückselement	Kleines Metall	Großes Holz	Große Erde	Großes Metall	Großes Feuer / Holz	Kleines Holz	Wasser	Feuer	Kleine Erde
Ihre Fünf-Geister-Elemente	Kleine Erde	Kleines Holz	Großes Metall	Große Erde	Kleines Wasser / Holz	Großes Holz	Feuer	Wasser	Kleines Metall
Ihre Sechs-Tode-Elemente	Großes Metall	Feuer	Kleines Metall	Kleines Metall	Feuer / großes Holz	Wasser	Kleines Holz	Kleines Holz	Große Erde
Ihr Untergangselemente	Große Erde	Wasser	Kleine Erde	Kleine Erde	Wasser / kleines Holz	Feuer	Großes Holz	Kleines Holz	Großes Metall

Wie sich bei jedem Menschen die positiven Elemente vorteilhaft auf sein Glück auswirken, gibt es natürlich auch „destruktive" Elemente, die durch ihre Energien negativ ausstrahlen. Jeder Mensch hat vier negative Elemente, die sich durch ihre verschiedenen Auswirkungen unterscheiden. Sie sind in der nebenstehenden Tabelle dargestellt. (Für die KUA-Zahl 5 gilt das obere Element für Männer, das untere für Frauen).

Ungünstige Elemente

Elemente, die nach der KUA-Theorie für Sie negativ sind, können in einer anderen Feng-Shui-Theorie für Sie notwendig und glückbringend sein. Bei solch scheinbaren Widersprüchen ist zu bedenken, daß die Elemente für sich genommen selten Schaden verursachen. Meiden Sie aber einfach diese negativen Elemente in Ihrem Umfeld. Verwenden Sie also keine Formen und Farben in ihrem persönlichen Wohnbereich, die diese Elemente symbolisieren. Wenn Großes Holz für Sie ungünstig ist, sollten Sie aus diesem Grund auf grüne Farbe oder hölzerne Wandverkleidung in Ihrem Wohn- und Arbeitsbereich verzichten.

Die angeführten destruktiven Elemente beziehen sich lediglich auf Ihren Lebensraum, nicht aber auf Ihre Kleidung. Erweist sich durch Ihre KUA-Zahl das Holz-Element als ungünstig für Sie, aber Sie sind in einem Holz-Jahr geboren, wirkt sich grüne Kleidung trotzdem vorteilhaft aus. Holz-Symbole oder grüne Farbe im Wohnraum sollten Sie dennoch vermeiden.

Eine gesunde, kräftige Grünpflanze ist ein gutes Beispiel für das Holz-Element.

Diese Tabelle zeigt nur Ihre persönlichen „Unglückselemente". Benutzen Sie diese lediglich für Ihren eigenen Wohnbereich – nicht für das gesamte Haus. Darüber hinaus sollten Sie den Entstehungs- und Zerstörungskreislauf immer mit in Ihre Überlegungen einbeziehen (siehe Tip 10). Jedes Element, das ein für Sie ungünstiges Element erzeugt, sollten Sie ebenso meiden!

Feng Shui für Zuhause
Die Inneneinrichtung gestalten

Kaufen Sie sich Goldfische als Glücksbringer

13

Goldfische sind erfolgreiche Feng-Shui-Glücksbringer. Kaufen Sie sich neun Fische. Acht davon sollten rot oder golden sein, einer schwarz. Stirbt einer davon, hat er das Unglück, das eigentlich für eines der Haushaltsmitglieder bestimmt war, mit sich genommen. Ersetzen Sie ihn sofort wieder durch einen neuen.

Die Goldfische gehören jedoch nicht ins Schlafzimmer, ins Bad oder in die Küche. Im Schlafzimmer könnten sie zu materiellen Verlusten führen, sogar zu Einbruch oder Raub. Ein geeigneter Ort für Ihr Aquarium ist das Wohnzimmer oder ein Ort vor dem Haus.

Der beste Standort fürs Aquarium

Bis zum Jahr 2003 sind der Osten, Südosten, Norden oder Südwesten die geeignetsten

Goldfische gelten im Feng Shui als Glücksbringer. Stellen Sie sich ein Aquarium mit einer ungeraden Anzahl von Fischen in Ihr Wohnzimmer. Einer der Fische sollte schwarz sein.

Standorte für ein Goldfischaquarium. Für eine optimale Plazierung ist aber auch die Ausrichtung Ihrer Eingangstür wichtig. Die konkrete Methode zur Feststellung der besten Position ist jedoch zu kompliziert, um hier dargestellt zu werden. Es genügt, wenn Sie darauf achten, daß Ihr Goldfischaquarium ausschließlich in den vier genannten Bereichen steht.

Jede Plazierung von Wasser-Objekten muß im Feng Shui sorgfältig durchdacht werden. Richtig eingesetzt, bringen sie großes Glück. Falsch aufgestellt, können sie recht unangenehm wirken. Als weitere Regel sollten Sie noch folgendes beachten: Plazieren Sie nie ein Wasser-Objekt, vor allem keinen Karpfenteich, rechts von der Eingangstür (Blickrichtung von drinnen nach draußen).

Feng Shui für Zuhause
Die Inneneinrichtung gestalten

14 Nutzen Sie glückbringende Schriftzeichen

Früher schmückte man in China sein Heim gerne mit Schriftzeichen, besonders mit dem unten abgebildeten Zeichen „Fook", einem Glückssymbol. Fast alle älteren chinesischen Häuser, vor allem die reicher Familien, sind mit speziellen glückverheißenden Schriftzeichen ausgestattet. Durch ihren positiven Einfluß gelten sie als besonders machtvolle Feng-Shui-Symbole. Auf den Kopf gestellt, verheißt das Glückssymbol „Fook" einen steigenden Geschäftsumsatz.

Symbole und Elemente kombinieren

Glückbringende Schriftzeichen können Sie auch mit anderen glückbringenden Symbolen – beispielsweise Fisch- und Wassermotiven – kombinieren.

Die Kombination von „Fook" und einem dieser beiden Motive verspricht eine glückliche Zukunft, wenn das Wasser-Element eines Ihrer positiven Sinnbilder ist: Dies ist der Fall, wenn Sie die entsprechende KUA-Zahl für sich errechnet haben, oder aber Sie in einem Wasser- oder Holz-Jahr geboren sind. Schriftzeichen und Symbole kann man

Oben: In China werden die Wände traditionell mit kalligraphischen Schriftbildern dekoriert.

Links: Das Glückssymbol „Fook" wird häufig verwendet, um das Schicksal positiv zu beeinflussen.

in Gestalt von Bildern aufhängen, aber auch in Holzblöcke oder Möbel schnitzen, eingelegt mit Perlmutt.

Ein besonders glückbringendes Sinnbild ist der Karpfen. Er symbolisiert sowohl Ehrgeiz als auch die Fähigkeit, in einem hohen Maße Macht und materiellen Gewinn zu erlangen. Darüber hinaus soll er auch die Fähigkeit besitzen, sich in einen herrlichen Drachen zu verwandeln.

Feng Shui für Zuhause
Die Inneneinrichtung gestalten

Pfingstrosen beeinflussen Ihr Liebesglück

15

Die Pfingstrose gilt als Königin der Blumen und ist ein großes Glückssymbol für Frauen. Glaubt man einer Legende, soll Yang Kuei Fei, eine berühmte kaiserliche Konkubine und angeblich die schönste Frau in der chinesischen Geschichte, ihr Schlafgemach das ganze Jahr mit wunderschönen Pfingstrosen geschmückt haben. Der Kaiser konnte ihr nichts abschlagen und ließ die Blumen extra aus dem Süden des Landes herbeischaffen.

Begünstigen Sie Ihr Liebesglück

In China glaubt man, daß eine Mutter mit mehreren heiratsfähigen Töchtern, für die sie einen guten Ehemann sucht, große Bilder mit vielen Pfingstrosen aufhängen sollte. Hierfür ist das Wohnzimmer der beste Ort. Je prächtiger die Blüten, um so glücklicher die Zukunft. Natürlich beeinflussen echte Pfingstrosen das Liebesglück ebenso – wenn nicht gar mehr. Im Süden meines eigenen Wohnzimmers habe ich immer eine große Vase mit Pfingstrosen aus Seide stehen – zum einen aus ästhetischen Gesichtspunkten, zum anderen, um das Liebesglück meiner Tochter zu beeinflussen. Ein junges lediges Mädchen, das den Mann fürs Leben sucht, sollte das Bild einer Pfingstrose direkt vor ihrem Schlafzimmer anbringen.

Auch bei bereits verheirateten Paaren wird durch ein Pfingstrosenbild im Schlafzimmer das Liebesleben zärtlicher und romantischer. Seien Sie aber gewarnt – ein Bild mit Pfingstrosen im gemeinsamen Schlafzimmer könnte Ihren Mann auch zu Liebesaffären anregen! Aus diesem Grund ist ein Pfingstrosenbild im Wohnzimmer weniger riskant. Darüber hinaus gibt es aber auch noch andere, „ungefährlichere" Methoden, das etwas abgekühlte Eheleben wieder aufregender und glücklicher zu gestalten.

Bilder von Pfingstrosen oder echte Blumen begünstigen die Liebesbeziehungen von Single-Frauen. Man kann eine Vase mit Blumen im Wohnzimmer aufstellen oder ein Bild außen an die Schlafzimmertür hängen.

Feng Shui für Zuhause
Die Inneneinrichtung gestalten

16 Die richtigen Farben für Ihr Glück

Bei der Inneneinrichtung nach Feng-Shui-Kriterien ist besonders auf die sorgfältige Auswahl von Farben und deren Kombinationen zu achten. Am besten gestaltet man die verschiedenen Bereiche seiner Umgebung mit bestimmten, genau festgelegten Farben.

Die nebenstehende Tabelle soll Ihnen helfen, die Farben optimal einzusetzen. Sie zeigt sowohl die besten als auch die günstigen Farben für die verschiedenen Bereiche Ihres Hauses. Darüber hinaus ist zu erkennen, welche Farben man unbedingt vermeiden sollte.

Günstige Farben

	beste Farben	günstige Farben	schlechte Farben
SÜDEN	Rot, Orange	Gelb, Grün	Schwarz, Blau
NORDEN	Schwarz, Blau	Weiß, Metallic	Gelb, Beige
OSTEN	Grün, Braun	Schwarz, Blau	Weiß, Metallic
WESTEN	Weiß, Grau	Metallic, Gelb	Rot, Orange
SÜD-OSTEN	Hellgrün	Hellblau	Grau, Weiß
SÜD-WESTEN	Gelb, Beige	Rot, Orange	Grün, Braun
NORD-OSTEN	Gelb, Beige	Rot, Orange	Grün, Braun
NORD-WESTEN	Weiß, Metallic	Grau, Gelb	Rot, Orange

Innenausstattung

Dieses dreidimensionale Modell eines zweistöckigen Hauses zeigt, wie Sie die verschiedenen Bereiche optimal gestalten können. Legen Sie ein Raster aus neun Feldern (hier die schwarzen Linien auf der oberen Seite des Modells) über den Grundriß Ihrer Wohnung, um die verschiedenen Zonen zu bestimmen. Anschließend nehmen Sie einen Kompaß, um die Himmelsrichtung in jedem der acht äußeren Rasterfelder zu ermitteln. Ignorieren Sie das mittlere Feld. Übertragen Sie diese Richtungsbestimmung auf jede Ebene Ihres Hauses.

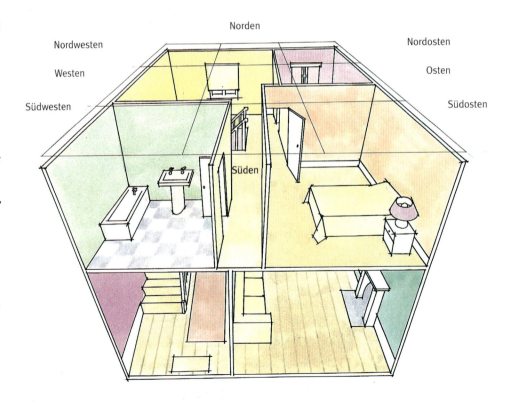

Feng Shui für Zuhause
Die Inneneinrichtung gestalten

Pflanzen Sie einen Orangen- oder Zitronenbaum

17

Ein Orangen- oder Zitronenbaum mit reifen Früchten symbolisiert Wohlstand und Glück. Während der 15 Tage des Mondneujahrs werden diese Pflanzen oft an den Eingängen chinesischer Wohn- und Bürohäuser aufgestellt. Sie sollen einen erfolgreichen Jahresbeginn bringen.

Reife rote Orangen sind in China ein Symbol für Gold, da „Kum", das chinesische Wort für Orange, auch Gold bedeutet. Während der Neujahrszeit eine große Anzahl dieser Früchte im Haus zu haben, verspricht großes Glück. Ein Baum mit Früchten verstärkt diese Wirkung noch zusätzlich.

Wenn Sie einen Orangenbaum in Ihrem Garten pflanzen möchten, sollten Sie dafür den Südosten als Standort wählen. Denn dieser Bereich steht für Reichtum.

Glück für die ganze Familie

Wenn der Südosten Ihren persönlichen Bereich für Verlust symbolisiert, sollten Sie sich davon nicht abhalten lassen. Dieser durch den Orangenbaum „aktivierte" Bereich bringt trotzdem für alle Hausbewohner viel Glück. Und solange Ihr eigenes Zimmer nicht im Südosten liegt oder Sie mit Blick nach Südosten sitzen, werden Sie ebenfalls davon profitieren. Bedenken Sie, daß die verschiedenen Methoden des Feng Shui immer in komplexen Zusammenhängen wirken und sich gegenseitig stärken. Auch wenn sich auf den ersten Blick Widersprüche ergeben – versuchen Sie, hinter das Problem zu sehen.

Die Lösung ist mit etwas Erfahrung gewöhnlich nicht schwierig.

Als Hobby-Gärtner können Sie leicht den positiven Einfluß von Pflanzen auf Ihr Heim nutzen. Besonders Chrysanthemen, Bambus, Orchideen und Pflaumenbäume gelten im Feng Shui als glückbringend.

Ein üppiger Orangenbaum symbolisiert Glück und Wohlstand. Im Südosten des Gartens aufgestellt, verbreitet er eine positive Wirkung, da dieser Ort für Reichtum steht.

Feng Shui für Zuhause
Die Inneneinrichtung gestalten

18 Feng Shui und Pflanzen im Haus

Kakteen

Stellen Sie keine Kakteen in Ihre Wohnung oder Ihr Büro, auch wenn die schönen Kaktusblüten noch so verführerisch sind. Sie können die negativen Energien der Pflanzenstacheln nicht ausgleichen. Stachelige Kakteen erzeugen viele winzige Pfeile giftiger Energie. Über einen längeren Zeitraum kann dies zu Krankheit, Unglücksfällen und Verlusten führen.

Kakteen sollten am besten draußen stehen und können hier sogar eine schützende Funktion übernehmen. Ihre Stacheln dienen als wirkungsvolle Abwehr gegen Shar-Chi oder „Tödlichen Atem", der in Ihr Heim oder Büro einzudringen versucht.

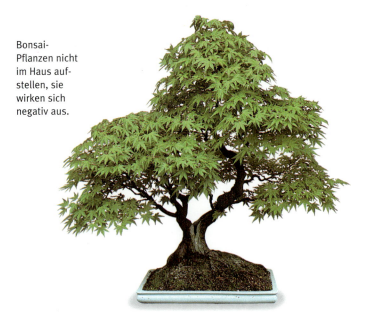

Bonsai-Pflanzen nicht im Haus aufstellen, sie wirken sich negativ aus.

Kakteen im Garten beschützen Ihr Haus. Vermeiden Sie eine Plazierung im Haus, da ihre scharfen Stacheln negative Energien erzeugen.

Bonsai-Pflanzen

Diese Pflanzen symbolisieren ein verkümmertes Wachstum und verbreiten negative Energien. Gemeint sind hier nicht gepflegte und kunstvoll gestutzte Hecken und Pflanzen, die positive Energie in den Wohn- und Arbeitsbereich bringen. Es geht vielmehr um jene Pflanzen, die über lange Jahre auf künstliche Weise klein gehalten werden. Diese Bonsais sind zwar sehr beliebt und wertvoll, haben aber kein gutes Feng Shui. Sie schränken unter Umständen Ihre persönliche Entwicklung ein und behindern Ihren geschäftlichen Erfolg.

Wenn Sie dennoch eine Leidenschaft für Bonsais haben und nicht auf sie verzichten möchten, stellen Sie sie nicht im Holz-Bereich (im Osten oder Südosten) Ihrer Wohnung oder Ihres Gartens auf. Wählen Sie den Norden, weil die Pflanzen hier am wenigsten Schaden anrichten können.

Feng Shui für Zuhause
Die Inneneinrichtung gestalten

Vorhänge als Glücksbringer

19

Vorhänge und andere Einrichtungsgegenstände aus Stoff können, richtig eingesetzt, das Feng Shui Ihres Wohnraums verbessern. Am einfachsten erreichen Sie dies, indem Sie bedenken, welche Energien Sie im Raum betonen wollen. Hierbei dürfen Sie nie aus den Augen verlieren, welche Funktion das Zimmer in erster Linie erfüllen soll. Anschließend sollten Sie dann die günstigsten Vorhangfarben bestimmen (siehe Tip 16).

Einige Gestaltungsbeispiele

Für einen Westraum eignen sich hervorragend weiße geschwungene Vorhänge. Farbe und Form stehen für das Element Metall und bringen Glück, weil sie mit der Ausrichtung des Raumes harmonisieren. Gefütterte Vorhänge sind hier ideal zur Abwehr der starken Yang-Energie durch die Nachmittagssonne, die auf den westlichen Teil des Hauses fällt.

Für Schlafzimmer, die im Nord-Bereich des Hauses liegen, ist Wasser das günstigste Element. Hier eignen sich vor allem blaue Vorhänge. Geschwungene Vorhänge und feine Falten symbolisieren das Element Metall und wirken positiv, da Metall Wasser erzeugt. Die Energien auf diese Weise aufzuladen ist etwas anderes, als ein Gefäß mit Wasser aufzustellen oder Bilder aufzuhängen.

Die Analyse der Elemente

Eine sorgfältige Analyse der einzelnen Elemente in Ihrer Umgebung ist hilfreich, um in Ihrem Haus eine ausgewogene Feng-Shui-Atmosphäre zu schaffen. Beachten Sie jedoch dabei, daß auch eine Anzahl verschiedener Tabus zu berücksichtigen sind: So sollten aufgrund störender Auswirkungen beispielsweise keine Pflanzen oder Aquarien im Schlafzimmer plaziert werden.

Empfehlungen für die Gestaltung der Vorhänge

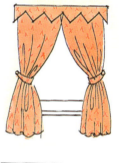

Vorhänge mit gezacktem Rand hängt man am besten in einem Raum im Süden (Feuer) auf.

Lange rechteckige Vorhänge passen in einen Raum, der im Osten (Holz) liegt.

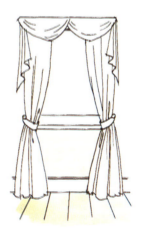

Vorhänge mit weichen, geschwungenen Formen sind für einen Raum im Westen (Metall) bestens geeignet.

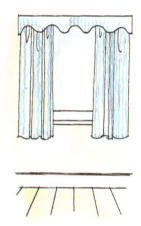

Wellenmuster auf Vorhängen und bogenförmige Schabracken verbinden die Elemente Metall und Wasser. Sie eignen sich für den Norden.

Sie sollten in einem Feng-Shui-Bett schlafen

Ein nach Feng-Shui-Gesichtspunkten gestaltetes Bett sollte am besten mit dem Element Ihres Geburtsjahres harmonisieren oder aber mit der Himmelsrichtung des Raumes, in dem das Bett steht. Wenn Sie also in einem Feuer-Jahr geboren sind, eignen sich sanfte Rottöne. Wenn Ihr Bett im Ost-Bereich des Schlafzimmers steht, sind leichte Grüntöne von Vorteil. Wenn Sie sich nicht sicher sind, orientieren Sie sich einfach an der jeweiligen Himmelsrichtung, nach der das Bett ausgerichtet ist. Dadurch ist das Bett für beide Partner glückbringend, auch wenn sie in Jahren mit unterschiedlichen Elementen geboren sind. Sollte Ihr Bett allerdings bereits unter einem starken Feuer-Einfluß stehen, lassen Sie das Feuer-Element nicht zu stark werden. Zu viel Yang-Energie stört den Schlaf.

Bettdecken

Dunkle Bettdecken sind besser als helle, einfarbige besser als gemusterte. Gewarnt sei jedoch vor Bettdecken mit abstrakten Motiven sowie dreieckigen oder spitzen Mustern. Diese starken Feuer-Symbole sind in aller Regel ungeeignet für ein Schlafzimmer, in dem Sie sich entspannen möchte. Denn die Yang-Energie des Feuers behindert den Schlaf. Im Schlafzimmer sollten stattdessen die Yin-Energien dominieren. Aber auch hierbei sollten Sie auf ein möglichst ausgewogenes Verhältnis achten und nichts übertreiben.

Dieses Bett steht im Westen des Schlafzimmers. Die Wand wurde weiß gestrichen, um das vorteilhafte Metall-Element zu unterstützen. Die Bettdecke ist ebenfalls weiß mit einer schwarzen Einfassung (Wasser), da das Metall-Element Wasser erzeugt. Der Spiegel sollte jedoch anders gehängt werden. Er reflektiert das Bett und verbreitet dadurch schlechtes Feng Shui.

FENG SHUI FÜR ZUHAUSE
DIE INNENEINRICHTUNG GESTALTEN

Mit Teppichen legen Sie ein solides Fundament

21

Der Fußboden einer Wohnung sagt viel über die Menschen aus, die darin leben. Deshalb ist auch im Feng Shui die Gestaltung des Bodens von besonderer Bedeutung. Wenn Sie dies bei Ihrer Innendekoration beachten, kann die Lehre von Feng Shui auch bei Ihnen große Auswirkungen auf Ihr Leben haben.

Wichtige Grundregeln

Erstens: Die Teppiche sollten mit allen anderen Elementen des Raumes, in dem sie liegen, eine harmonische Einheit bilden. Entscheidend ist dabei die Ausrichtung des Raumes, d.h. seine Kompaß-Richtung. Farbe und Muster des Teppichs orientieren sich am besten an dem beherrschenden Element (siehe Tip 10).

Zweitens: Teppiche sollten, wenn immer es möglich ist, so ausgesucht werden, daß sie die Form des Zimmers widerspiegeln. Das erzeugt Gleichgewicht und Harmonie. Auf dem Bild oben sieht man einen Teppich, der die Energie und die Form eines normalen rechteckigen Raumes widergibt, da er den Proportionen des Raumes entspricht. Aus diesem Grund sollten Sie rechteckige Teppiche stets runden oder ovalen vorziehen.

Drittens: Verwenden Sie keine Teppiche mit sehr auffälligen und unruhigen Mustern und Materialien. Sie stören den harmonischen Energiefluß. Auf Teppiche mit aufwendigem und kunstvollem Design, z. B. Perserteppiche, mit ihren atemberaubenden Mustern, trifft dies nicht zu.

Viertens: Hängen Sie keinen Teppich an die Wand. Diesen Gegenstand bringt man mit dem Boden in Verbindung, und hier sollte er auch bleiben. Vor allem dann, wenn zuvor bereits viele verschiedene Leute über ihn gelaufen sind. Bei einem alten, antiken Teppich, über dessen Geschichte und Herkunft man nicht genau Bescheid weiß, sollten Sie besonders vorsichtig sein. Er kann, an der Wand angebracht, starke negative Energien ungehindert in den Raum ausstrahlen. Seien Sie also auf der Hut!

Kaufen Sie besser keine Teppiche mit ausgefallenen, abstrakten Mustern. Ein Perserteppich mit seinen aufwendigen, detailreichen Mustern hat jedoch ein gutes Feng Shui.

Feng Shui für Zuhause
Die Inneneinrichtung gestalten

22 Feng-Shui-Tips für Ihre Blumen im Haus

Frische Schnittblumen erzeugen in jedem Wohnzimmer eine wohltuende Yang-Energie und verbreiten angenehme positive Schwingungen. Aus diesem Grund sind gerade sie besonders hilfreich, um in einem Raum ein gutes Feng Shui zu erreichen. Dennoch sollten Sie hierbei einige Grundregeln beachten.

Werfen Sie Schnittblumen sofort weg, wenn sie zu welken beginnen. Wie alles Tote oder Sterbende erzeugen sie eine stark negative Yin-Energie. Aus diesem Grund sollten Sie auch getrocknete Blumen auf jeden Fall meiden und nicht in Gestecken mit frischen Blumen kombinieren. Empfehlenswert dagegen sind künstliche Blumen – sie symbolisieren Yang und Lebensenergie, während Trockenblumen Yin und den Tod verkörpern.

Yang-Energie

Blumen kann man vor allem sinnvoll einsetzen, um die Yang-Energien eines Raumes zu verstärken oder abzuschwächen. Grundsätzlich läßt sich feststellen, daß lebende Blumen in Schlafräumen kein gutes Feng Shui verbreiten. Durch ihre starken Yang-Energien behindern sie einen gesunden und erholsamen Schlaf. Sie gehören daher besser in ein Wohn- oder Eßzimmer. Hier können sich ihre positiven Energien nutzbringend entfalten.

Aber gerade wegen ihrer Yang-Energie sind Blumen und Topfpflanzen für kranke Menschen sehr hilfreich und stärkend. Mitgebracht als Geschenk, verheißen sie in diesem Fall Glück.

Schnittblumen, ob einzeln (oben) oder als Strauß (links), verbreiten im Wohnbereich positive Yang-Energie. Wenn sie anfangen zu welken, sollte man sie jedoch sofort entfernen. Tote Blumen verströmen negative Energien.

Benutzen Sie Feng-Shui-Münzen und -Glocken

Feng-Shui-Münzen und -Glöckchen an einem Türgriff sind nach meiner Erfahrung die beste Methode, um das finanzielle Glück zu fördern. Hierzu hängt man drei chinesische Münzen – mit quadratischen Löchern in der Mitte – an die innere Klinke der Eingangstür. Zusammengehalten werden sie mit einem roten Band, das erst die positive Wirkung der Münzen aktiviert.

Eine weitere Möglichkeit besteht darin, eine kleine Glocke an die Türklinke zu hängen. Doch sollte das Glöckchen außen an der Tür angebracht werden. Glocke und Münzen sind in ihrer Wirkung sehr verschieden. Während der Klang der Glocke das Glück ins Haus locken soll, versinnbildlichen die Münzen den Reichtum, der bereits im Haus ist.

Man sollte diese Ratschläge jedoch nicht übertreiben und an jede Tür des Hauses Münzen hängen. Jede Übertreibung bei Empfehlungen des Feng Shui kann ein negatives Ergebnis bewirken. Vergessen Sie nie, daß Feng Shui Gleichgewicht erzeugen möchte.

Beschränken auf die Eingangstür

Hängen Sie niemals Symbole, die die Feng-Shui-Energie steigern sollen, an der Hintertür auf. Im Feng Shui symbolisiert die Hintertür den Ausgang. Um das Glück anzuziehen, sollten Sie sich immer auf die Eingangstür beschränken.

Wenn Ihre Eingangstür im Westen oder Nordwesten liegt, können die Sinnbilder ihre Wirkung optimal entfalten. Münzen sowie Glocken symbolisieren das Element Metall, das diesen beiden Himmelsrichtungen zugeordnet ist.

Wenn Sie drei chinesische Münzen mit einem roten Band zusammenbinden und an die Klinke Ihrer Eingangstür hängen, locken Sie das Glück in Ihr Haus.

FENG SHUI FÜR ZUHAUSE
DIE INNENEINRICHTUNG GESTALTEN

24 Die günstigste Position für Ihren Herd

In der Küche sollte der Herd nie in der Nähe der Spüle sein. Im oberen Bild ist die Spüle auf einem freistehenden Arbeitsbereich und weist so nicht auf den Herd. Auf dem linken Bild sind Herd und Abzug so plaziert, daß sie nicht direkt neben der Spüle liegen.

In vielen Empfehlungen der Kompaß-Schule des Feng Shui wird davor gewarnt, den Herd im Nordwesten der Küche oder des Hauses aufzustellen. Um sich vor Unglück zu schützen, sollten Sie deshalb die Küche nie in diesem Teil des Hauses einrichten. Läßt sich dies jedoch nicht vermeiden, sollte der Herd nicht auch noch im Nordwesten der Küche aufgestellt werden.

Der Nordwesten ist der symbolische Bereich des Vaters. Der Herd würde an dieser Stelle dessen Glück verbrennen.

Feuer an die Himmelspforte legen

Daneben symbolisiert der Nordwesten auch den Himmel. Ist Ihr Herd an diesem Ort, so legen Sie symbolisch Feuer an die Himmelspforte. Dies ist das größte Unglück, das Sie ereilen kann. Im schlimmsten Fall hat dies den Verlust Ihres gesamten Besitzes zur Folge. Im günstigsten Fall führt es zur Zerstörung Ihres Hauses. Einen solch schweren Feng-Shui-Fehler sollten Sie in jedem Fall vermeiden. Bedenken Sie, daß der Herd das Feuer-Element darstellt, das als einziges das Metall-Element des Nordwestens zerstören kann (siehe Tip 10).

Bei der Einrichtung der Küche dürfen die Elemente Feuer (Herd/Kochstelle) und Wasser (Kühlschrank/Spüle und Abfluß) nicht zusammentreffen. Diese beiden Bereiche sollten nie eng beieinander- oder sich gegenüberliegen. Im letzteren Fall kommt es zum Konflikt zwischen den beiden Elementen! Diese Konfrontationsstellung ist sogar schädlicher als das enge Nebeneinander der zwei Elemente.

Stellen Sie Hi-Fi-Anlagen an eine Westwand

25

Alle Stereo- und Hi-Fi-Anlagen bringen dem Haus zusätzliches Glück, wenn sie an der Westwand des Wohnzimmers stehen. Vor allem in den Jahren zwischen 2003 und 2023 beschert dies eine glückliche Zeit.

Hi-Fi-Anlagen repräsentieren das Element Metall, das am besten im westlichen Bereich des Wohnzimmers plaziert wird.

Ihren Fernseher sollten Sie wenn möglich im Wohnzimmer aufstellen. Wenn sich Ihr Gerät aber in Ihrem Schlafzimmer befindet, decken Sie es vor dem Schlafengehen mit einem Tuch ab. Direkt gegenüber dem Bett erzeugt es negative Energien und ein extrem schlechtes Chi. Bei Paaren besteht in diesem Fall die Gefahr von langen Trennungszeiten. Auch Pechsträhnen können die Folge sein. Das schlechte Feng Shui durch Fernseher, die auf das Bett gerichtet sind, läßt sich mit der negativen Wirkung von Spiegeln vergleichen.

Schrubber immer aufräumen

26

In einer traditionellen chinesischen Familie werden Sie keine Schrubber, Wischlappen oder andere Reinigungsutensilien sehen. Sie sind in der Regel in Schränken verstaut, um sie dem Blickfeld zu entziehen. Vor allem die ältere Generation glaubt, daß es Unheil bringt, diese Dinge offen im Haus stehen zu lassen. Besonders im Speisezimmer wirken sich ihre negativen Energien gravierend aus. Sie verbreiten schlechtes Feng Shui und können auf diese Weise den Wohlstand der gesamten Familie gefährden.

Halten Sie sich Einbrecher vom Hals

Am Anfang meines neunjährigen Aufenthalts in Hongkong entwickelte ich ein fast neurotisches Sicherheitsbedürfnis und installierte diverse Alarmsysteme gegen Einbrecher. Diese hochempfindlichen Anlagen führten leider meist mitten in der Nacht zu Fehlalarm und damit zu peinlichen Situationen mit der örtlichen Polizei. Ich entschloß mich daraufhin, andere, weniger auffällige Vorsorgemaßnahmen zu ergreifen.

Ein Feng-Shui-Berater gab mir dann den Tip, einen Schrubber gegenüber der Eingangstür umgedreht an die Wand zu lehnen, um unerwünschte Besucher fernzuhalten. Wenn auch Sie diesen Rat anwenden wollen, stellen Sie den Schrubber über Nacht vors Haus, nicht ins Haus. Nur so kann er seine abschreckende Wirkung entfalten. Tagsüber sollten Sie ihn aufräumen, um sich seinen negativen Energien nicht auszusetzen.

Mit Reinigungsutensilien verbindet man negative Energien des Hauses. Sie sollten stets außer Sichtweite aufbewahrt werden.

Feng Shui für Zuhause

Die Inneneinrichtung gestalten

27 Richten Sie Ihr Bad zurückhaltend ein

Investieren Sie nicht zu viel Geld und Mühe in die Ausstattung von Toilette und Badezimmer. Diese Räume können Ihrem Feng Shui am meisten und nachhaltigsten schaden.

Toiletten erzeugen schlechtes Feng Shui

Viele Toiletten und Bäder sind üppig und luxuriös ausgestattet. Das ist ein großer Fehler, denn Toiletten erzeugen schlechtes Feng Shui. Wie sich diese negativen Energien auswirken, hängt davon ab, in welchem Bereich des Hauses sich die Toilette befindet. Viele chinesische Häuser hatten früher keine Toilette. Müllträger entfernten nachts allen Abfall der Familie. Gab es aber Toiletten, beispielsweise in wohlhabenden Haushalten, befanden sie sich in der Regel außerhalb des Hauses. Selbst Bauern in den entferntesten Provinzen bauten ihre Toiletten weit entfernt von ihren Häusern.

In heutiger Zeit sind kleine, eher versteckt gelegene Toiletten vorteilhaft, die stets geschlossen sein sollten. Es ist auch nicht notwendig, Toiletten mit Bildern, Blumen oder Antiquitäten sowie anderen Utensilien auszuschmücken. Stellen Sie keine unglückbringenden Blumen und Symbole auf; dies könnte zu ernsthaften Problemen in Ihrem Leben führen, die Sie dann nur unter großen Mühen wieder in den Griff bekommen können.

Ich hatte eine Freundin, deren Toilette im Westen (im „Kinder-Bereich") lag. Ihre Kinder ließen in ihren Leistungen nach, hatten Probleme in der Schule, und ein Mißerfolg folgte dem anderen. Ich gab ihr den Rat, einen Spiegel an der Toilettentür anzubringen, um die Toilette symbolisch verschwinden zu lassen. Beide Kinder schlossen in der Folge die Schule erfolgreich ab und fanden gute Jobs. Anschließend stellte sie Blumen in der Toilette auf – künstliche Pfingstrosen und Pflaumenblüten – für das Liebesglück ihrer Tochter. Sie hatte jedoch vergessen, daß sie damit auch die Energie ihrer Toilette stärkte.

Die Tochter verliebte sich sehr unglücklich. Erst nachdem alle Blumen aus der Toilette entfernt waren, fand sie wieder zu einem geregelten Leben zurück. Also, seien Sie bei der Toiletteneinrichtung vorsichtig und bedenken Sie die möglichen Folgen.

Vermeiden Sie eine übertriebene Ausstattung Ihrer Toilette; dadurch fließt Energie von Ihrem Haus ab.

FENG SHUI FÜR ZUHAUSE

DIE INNENEINRICHTUNG GESTALTEN

Vermeiden Sie offene Regale

28

Offene Regale senden negatives Shar-Chi bzw. „Tödlichen Atem" in den Raum. Lösen Sie das Problem auf einfache Weise, indem Sie Türen an den Regalen anbringen. Die negative Wirkung offener Regale macht sich meist nicht sofort bemerkbar. Viele Bewohner erkrankten jedoch dadurch im Laufe der Zeit schwer und sind sich über die Ursachen nicht bewußt.

In den meisten großen Firmen sind sogar an drei Wänden des Büros Regale angebracht. Diese ungünstige Anordnung der Regale kann beispielsweise bei ohnehin gestreßten Managern Herzanfälle verursachen.

Manchmal kann man aber auf die Gestaltung der Regale in Büro oder Wohnbereich keinen Einfluß nehmen. In diesem Fall sollten Ihre Bücher so stehen, daß die Buchrücken mit den vorderen Regalkanten abschließen. Dadurch verschwinden optisch die offenen Fächer des Regals. Auf die gleiche Weise können Sie auch bei offenen Aktenschränken vorgehen, um negatives Shar-Chi abzuwenden.

Diese Methode können Sie aber leider nicht bei allen Gegenständen, die sich bei Ihnen im Regal befinden, anwenden. Da die meisten Gegenstände unregelmäßige Formen haben, läßt sich in diesen Fällen keine geschlossene Fläche „vortäuschen". Unter diesen Umständen sollten Sie die Kanten Ihrer Regale mit Sandpapier abschleifen, um ihnen einen weichen Charakter zu verleihen. Das „entschärft" sie.

Schließlich möchte ich noch darauf hinweisen, daß Glasregale besonders im nördlichen Bereich schädlich sind. Holzregale eignen sich hingegen nicht für den Südwesten, Nordosten und für die Mitte des Raumes. Bei Kunststoffregalen ist der schädliche Einfluß grundsätzlich am geringsten.

Wenn Bücher mit den Rücken an der Regalvorderkante stehen, verringern sich die schlechten Energien, die von offenen Regalen ausgehen.

Ein Wohnzimmer voller Harmonie

Wenn Sie sich die unten abgebildeten Grundrisse der beiden Wohnungen ansehen, werden Sie schnell erkennen, welchen entscheidenden Einfluß die Lage der Zimmer hat. Das Wohnzimmer des linken Hauses liegt in der Mitte und ist der Harmonie der Familie förderlicher als die Lage des rechten Wohnzimmers. Die gestrichelten Linien deuten das Raster eines Lo-Shu-Quadrats aus neun Feldern an. Es wird als Hilfsmittel über den Grundriß gelegt (siehe Tip 16).

In diesem Fall wird das Quadrat zur Bestimmung der Mitte des Hauses benutzt. So kann man hier durch das Raster leicht erkennen, ob das Wohnzimmer im Zentrum des Lo-Shu-Quadrats liegt. Trifft dies zu, wirkt der Raum positiv auf die Familie. Die Familienmitglieder pflegen einen freundlichen Umgang miteinander, zwischen den Eltern besteht ein gutes Einvernehmen, und der Zusammenhalt der Geschwister ist stark.

Einen besonders schlechten Einfluß auf Ihr Leben kann eine Treppe in der Mitte des Hauses haben! Ist es eine spiralförmige Wendeltreppe, bohrt sie sich ins Herz des Hauses. Weniger schädlich sind gebogene oder gerade Treppen. Um die negativen Energien nicht zu stärken, sollten Sie keinen roten oder grünen Teppichläufer darauf legen.

Auch Küche und Schlafzimmer sollten nicht in der Mitte des Hauses liegen. Eine Küche im Zentrum schwächt das Glück Ihrer Familie. Wenn Sie die Möglichkeit haben, sollten Sie die Küche an einen anderen Standort verlegen.

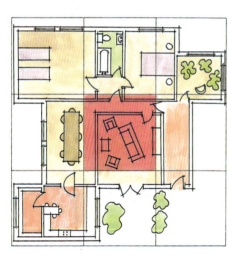

Gute Raumaufteilung
Um den Mittelpunkt des Hauses sichtbar zu machen, wurde ein Lo-Shu-Quadrat verwendet. In der oberen Wohnung liegt das Wohnzimmer im Zentrum und wirkt sich harmonisch auf das Familienleben aus. In der unteren liegt es in der oberen linken Ecke, einer ungünstigen Lage.

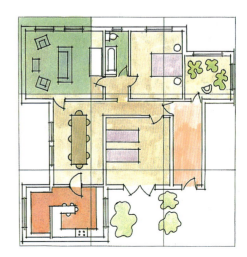

FENG SHUI FÜR PRIVATES GLÜCK

STÄRKUNG VON LIEBE UND FAMILIENGLÜCK

Machen Sie positive Familienfotos

30

Ein großes Familienporträt stärkt das Zusammengehörigkeitsgefühl der Familie und sollte im Wohnzimmer an einem besonderen Platz hängen. Auf diesem Foto sollten alle Familienmitglieder zu sehen sein und lächeln. Dies symbolisiert Glück. Dabei spielt die Anordnung der einzelnen Personen auf dem Bild eine besonders wichtige Rolle.

 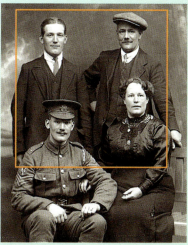

Positive Familienfotos
Bei einer fünfköpfigen Familie entspricht die Aufstellung in Form eines Dreiecks dem Feuer-Element und symbolisiert positive Yang-Energie.

Die quadratische Anordnung von vier Personen spiegelt das Erde-Element wider. Da die Erde das Element der Familie ist, wirkt es in jedem Fall positiv.

Dreieckige Anordnung

Wenn Sie dieses Arrangement wählen, stellen Sie sicher, daß der Familienvater am oberen Ende des Dreiecks plaziert ist. Das Dreieck symbolisiert das Feuer-Element und steigert die Yang-Energie – besonders, wenn der Vater in einem Feuer- oder Erde-Jahr geboren ist.

Wellenförmige Anordnung

Sie repräsentiert das Element Wasser und entspricht einer Yin-Form. Yin-Energie ist besonders positiv, wenn durch viele männliche Familienmitglieder übermäßig Yang-Energie im Haus entsteht. Auf diesen Fotos sollte der Familienvater in der Mitte stehen. Ordnen Sie die Personen so an, daß ihre Köpfe auf dem Bild nicht auf gleicher Höhe sind, sondern eine Wellenlinie bilden. Besonders positiv wirkt sich diese Anordnung aus, wenn der Vater in einem Wasser- oder Holz-Jahr geboren wurde.

Rechteckige Anordnung

Sie stellt das Holz-Element dar und ist eine ausgeglichene Form. Alle Mitglieder stehen so, daß ihre Köpfe eine Linie bilden. Sie ist glückbringend, wenn der Vater in einem Holz- oder Feuer-Jahr geboren wurde.

Quadratische Anordnung

Sie ist besonders für kleine Familien geeignet. So bilden vier Personen auf einem Bild ein perfektes Quadrat – eine Form, die das Element Erde symbolisiert. Die quadratische Anordnung wirkt sich immer positiv aus, da Erde das Element der Familie ist. Einen besonders günstigen Einfluß hat dieser Aufbau, wenn der Vater in einem Metall-Jahr geboren wurde, da im Zyklus der Elemente Erde Metall erzeugt (siehe Tip 10).

Feng Shui für privates Glück
Stärkung von Liebe und Familienglück

Mandarinenten verbessern Ihr Liebesleben

Mandarinenten symbolisieren im Feng Shui dasselbe wie im westlichen Kulturkreis Turteltauben. Sie sind auf vielen chinesischen Kunstgegenständen abgebildet. Ein Mandarinenpaar gilt bei jungen Paaren als Sinnbild romantischer Hingabe, Liebe und Treue.

Im Südwest-Bereich des Schlafzimmers aufgestellt, wirken sie positiv und bereichern Ihr Liebesleben. Singles können sich beispielsweise das Bild einer Ente aufhängen oder ein Paar geschnitzter chinesischer Holzenten in ihr Schlafzimmer stellen. In jedem Fall sollte es ein Entenpaar sein, denn eine einzelne Ente bedeutet, daß Sie dauerhaft alleine bleiben. Drei Enten können hingegen eine problematische Ehe oder Liebesbeziehung verursachen. Ihr Entenpaar sollte aus einer männlichen und einer weiblichen Ente bestehen – niemals aus zwei männlichen oder zwei weiblichen. Wenn Sie sich beim Kauf unsicher sind, fragen Sie am besten den Verkäufer, woran man eine männliche oder weibliche Ente erkennt.

Turteltauben

Wenn Sie nicht die Möglichkeit haben, Mandarinenten zu kaufen, nehmen Sie stattdessen als Alternative Turteltauben. Stellen Sie auch in diesem Fall ein Paar auf. Ein Gemälde oder Foto dieser Vögel erfüllt den gleichen Zweck. Halten Sie aber auf keinen Fall lebende Tiere. So verbreiten z. B. Vögel im Käfig schlechtes Feng Shui, da sie ihren natürlichen Flugtrieb nicht ausleben können. Sie werden verhindern, daß Sie die Ziele, die Sie sich gesteckt haben, erreichen.

Mandarinenten symbolisieren Liebe und Romantik. Der Wandbehang rechts wirkt besonders im Südwesten Ihres Schlafzimmers oder Ihres Hauses.

FENG SHUI FÜR PRIVATES GLÜCK
STÄRKUNG VON LIEBE UND FAMILIENGLÜCK

Spiegel im Schlafzimmer bringen Ihnen Probleme

Spiegel besitzen Energien, die positiv, aber auch negativ wirken können. Insbesondere im Schlafzimmer können Spiegel großes Unheil anrichten und Unglück für Ihre Ehe und Ihr Liebesleben bedeuten. Sie können dazu führen, daß sich dritte Personen in eine bisher stabile Partnerschaft drängen. Also, bitte keine Spiegel im Schlafzimmer, insbesondere nicht an der Decke. Wenn Sie allerdings einen Spiegel in Ihrem Schlafzimmer brauchen, halten Sie ihn verschlossen oder decken Sie ihn während des Schlafens ab, denn wenn man schläft, ist man verletztbar.

Vermeiden Sie Spiegel direkt gegenüber Ihrem Bett, beispielsweise durch einen Spiegelschrank. Wenn dieser das Bett unmittelbar reflektiert, kann das zum Scheitern der Ehe führen. Spiegel im Schlafzimmer können besonders Untreue in der Beziehung verursachen. Zurückzuführen ist dies auf negative Energie, die das schlafende Paar beeinflußt.

Im Schlafzimmer verbringen wir den Großteil unseres Lebens. Wir sind während des Schlafens besonders verletzlich. So sollte man, schon um sicher zu sein, hier keine Risiken eingehen.

Dieses Schlafzimmer hat ein schlechtes Feng Shui für Ehepaare. Die Spiegeltüren an der Seite des Bettes können Probleme in der Beziehung verursachen. Durch die Vorhänge am Bett kann man die Spiegel während der Nacht jedoch abdecken.

Geistige Reinigung

Der Feng-Shui-Meister Yap warnt aus folgendem Grund vor Spiegeln im Schlafzimmer: Der Schock, sich beim Wachwerden plötzlich selbst im Spiegel zu sehen, kann so verwirrend sein, daß negative Energien entstehen.

Meister Yap berichtet auch von einem Ritual der „Geistigen Reinigung" für Orte, die von umherwandernden bösen Geistern heimgesucht und bedroht werden. Bei diesem Ritual wird ein Spiegel benutzt, um die Geister zu fangen. Danach wird der Spiegel gesegnet, um die Geister zu bannen. Wenn dieser Teil des Rituals aber nicht sorgfältig durchgeführt wird, bleiben die Geister im Spiegel gefangen. Seit ich diese unheimliche Geschichte kenne, bin ich im Umgang mit Spiegeln besonders vorsichtig.

FENG SHUI FÜR PRIVATES GLÜCK
STÄRKUNG VON LIEBE UND FAMILIENGLÜCK

Vermeiden Sie geteilte Matratzen

Bei der Einrichtung Ihres Schlafzimmers sollten Sie Ihr Doppelbett mit einer durchgehenden Matratze ausstatten. Denn eine geteilte Matratze ist schlecht. Sie symbolisiert einen Riß zwischen dem schlafenden Paar. Ein Doppelbett mit getrennten Matratzen kann sich aus diesem Grund äußerst nachteilig auf eine Ehe auswirken und möglicherweise zu einer baldigen Trennung führen.

Im Vergleich hierzu wirken sich separate Betten und getrennte Schlafzimmer verhältnismäßig positiv aus. So können die jeweils unterschiedlichen günstigsten Himmelsrichtungen der beiden Ehepartner optimal berücksichtigt werden.

Vermeiden von Konflikten im Schlafzimmer
Auch ein ungünstiger Standort des Bettes kann zu Trennung und schweren Mißverständnissen führen.
● Sollte Ihr Bett unter einem Balken stehen, rücken Sie es einfach zur Seite. Ein Balken direkt über dem Bett teilt dieses symbolisch in zwei Teile. Falls ein anderer Standort unmöglich ist, ziehen Sie eine Zwischendecke ein, um den Balken „verschwinden" zu lassen.
● Zwei Türen, die eine imaginäre Linie bilden, können ein Bett ebenso in zwei Teile zerschneiden. Vermeiden Sie es, Ihre Schlafstätte zwischen zwei Türen einzurichten. Sie sollten das Bett entweder verschieben oder einen Wandschirm aufstellen, der eine der beiden Türen verdeckt.

Links: Das Ehebett unter einem Balken aufzustellen verbreitet schlechtes Feng Shui, da er das Ehepaar symbolisch trennt. Wenn keine andere Aufstellung möglich ist, lösen Sie das Problem, indem Sie den Balken mit Stoff verhüllen.

FENG SHUI FÜR PRIVATES GLÜCK

STÄRKUNG VON LIEBE UND FAMILIENGLÜCK

Schlafen Sie nicht mit dem Kopf in Richtung Tür

34

Links: Der beste Platz für Ihr Bett ist schräg gegenüber der Zimmertür. Das Fußende des Bettes sollte jedoch nicht Richtung Tür weisen, da dies eine ungünstige Schlafposition ist.

Vermeiden Sie bei der Position Ihres Bettes, mit den Füßen in Richtung Tür zu schlafen. Im chinesischen Kulturkreis ist dies die „Position des Todes". Die Körper verstorbener Verwandter wurden vor der Bestattung in dieser Yin-Position aufgebahrt. Für Ihren täglichen Schlaf kann diese Stellung „tödlich" sein.

Die Position des Bettes

Feng-Shui-Meister raten davon ab, mit dem Kopf oder mit den Füßen in Richtung Zimmertür zu liegen. Stellen Sie das Bett deshalb rechts oder links von der Tür auf.

Wenn das Schlafzimmer zwei Türen hat, sollten diese nicht auf einer direkten Linie liegen. Auf jeden Fall sollten Sie es vermeiden, Ihr Bett dazwischen zu stellen. Hier hilft ein Wandschirm, um eine der Türen zu verdecken.

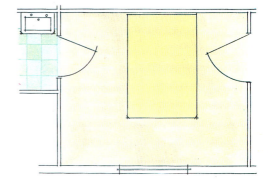

Rechts: Wenn Sie, wie hier dargestellt, das Bett nur zwischen zwei Türen aufstellen können, ist ein Wandschirm eine nützliche Hilfe.

Wenn Sie Ihr Schlafzimmer aufgrund der eben geschilderten Situation umgestalten, versuchen Sie, das Bett so zu stellen, daß Ihre Füße oder Ihr Kopf nicht auf eine der beiden Türen zeigen. Ist Ihr Schlafzimmer ziemlich klein, und sind dadurch Ihre Möglichkeiten eingeschränkt, sollte zumindest das Kopfende des Bettes in einer Ecke stehen. Dieses ungewöhnliche Arrangement ist unter Feng-Shui-Gesichtspunkten völlig unproblematisch.

FENG SHUI FÜR PRIVATES GLÜCK

STÄRKUNG VON LIEBE UND FAMILIENGLÜCK

35 Feng-Shui-Tips für kinderlose Paare

Feng Shui kann Ihnen zu großem Glück in Ihrem Leben verhelfen. Besonders Paare, die sich Kinder wünschen, können sich hier viele Tips und Anregungen holen. Dies trifft leider nicht auf Paare zu, deren Kinderlosigkeit auf medizinische Probleme zurückzuführen ist. Sollte dies aber als Ursache zweifelsfrei ausgeschlossen sein, kann Feng Shui Ihnen vielleicht helfen.

In meinem eigenen Fall konnte ich meine Unfruchtbarkeit auf einen großen Kasuarinenbaum zurückführen. Er wuchs keine drei Meter von meiner Haustür entfernt und warf schlechtes Shar-Chi („Tödlichen Atem") auf meine Eingangstür. Neun Jahre lang blieben mein Mann und ich ungewollt kinderlos! Wenn sich auch Ihr Kinderwunsch bisher nicht erfüllte, prüfen Sie sorgfältig, ob etwas Scharfes, Spitzes oder Bedrohliches Ihre Eingangstür oder Ihr Bett beeinflußt! Wenn Sie etwas finden, entziehen Sie es durch Abschirmung dem Blickfeld oder überlegen Sie, ob Sie nicht umziehen sollten. Wir haben letzteres gemacht und unser neues Haus nach Feng-Shui-Gesichtspunkten ausgesucht und eingerichtet. Damit sich Ihr Kinderwunsch auch erfüllt, sollten Sie folgendes beachten:

- Finden Sie die Nien-Yen-Himmelsrichtung Ihres Ehemannes heraus. Benutzen Sie dafür die Tabelle in Tip 2, und richten Sie das Schlafzimmer in diesem Bereich des Hauses ein. Anschließend stellen Sie das Bett so, daß Sie beide in der Nien-Yen-Richtung des Mannes schlafen. Dies aktiviert sein Glück.
- Hängen Sie Gemälde oder Fotos, auf denen Kinder zu sehen sind, in der Nähe des Bettes auf. Sogar im Kaiserpalast der Verbotenen Stadt ist das kaiserliche Ehebett mit Vorhängen und Stickereien auf denen Kinder abgebildet sind, geschmückt. Sie versinnbildlichen die Fruchtbarkeit des Kaisers.
- Suchen Sie einen unberührten jungen Mann, der im Jahr des Drachen geboren ist. Bitten Sie ihn, sich symbolisch über das Bett zu rollen. Der ideale Zeitpunkt hierfür wäre die Hochzeitsnacht – aber auch bei verheirateten Paaren kann dies durchaus noch hilfreich sein. Eine weitere Möglichkeit ist, ein kleines Drachensymbol in die Nähe des Bettes zu stellen. Dadurch erzeugen Sie die wichtige Yang-Energie.

Wenn sich Ihr Kinderwunsch nicht erfüllt, könnten „Giftige Pfeile", die Ihre Eingangstür treffen, der Grund sein. Am besten stellen Sie Ihr Bett in die glückbringende Nien-Yen-Ecke des Schlafzimmers.

FENG SHUI FÜR PRIVATES GLÜCK
STÄRKUNG VON LIEBE UND FAMILIENGLÜCK

Wenn Sie Probleme mit Ihren Kindern haben

36

Wenn Sie mit Ihren Kindern Probleme haben, prüfen Sie auch in diesem Fall das Feng Shui Ihres Heimes. Möglicherweise beeinflussen negative Energien Ihre Eingangstür oder die Betten und Schreibtische Ihrer Kinder. Prüfen Sie, ob die Tür des Kinderzimmers gegenüber einer Toilette oder Treppe liegt. Die daraus entstehende negative Energie bewirkt eine Schwächung der positiven Yang-Energie und kann zu Lustlosigkeit, Widerspenstigkeit und einem Mangel an Motivation führen. In diesem Fall sollten Sie das Kinderzimmer verlegen oder ein kleines Windspiel über die Tür hängen, um damit den störenden Einfluß und die negativen Energien abzuschirmen.

Bestimmen Sie die „Familien-Richtung"

Wenn Ihr Kind nicht gerne nach Hause kommt und sich von der Familie abgrenzt, sollten Sie die Stellung seines Bettes überprüfen. Errechnen Sie seine KUA-Zahl (siehe Tip 1), und versuchen Sie das Zimmer so einzurichten, daß das Kopfende des Bettes in die Nien-Yen-Richtung zeigt (siehe Tabelle in Tip 2). Diese „Familien-Richtung" ist sehr machtvoll und kann eine Menge Positives bewirken.

Überzeugen Sie Ihren Sohn oder Ihre Tochter davon, nicht auf dem Boden oder in einem sehr niedrigen Bett zu schlafen, auch wenn sie darauf bestehen. Beides verringert das persönliche Wohlbefinden Ihrer Kinder und führt zu Nervosität bis hin zu massiven Gesundheitsproblemen.

Nie mehr Schulprobleme

Bemerken Sie bei Ihren Kindern Schwierigkeiten in der Schule, kann eventuell eine falsche Sitzrichtung die Ursache sein. Für Kinder eignet sich hier die Fu-Wei-Himmelsrichtung, die Sie anhand des Geburtsdatums und der Tabelle feststellen können. Lassen Sie Ihr Kind mit dem Kopf in die Fu-Wei-Richtung schlafen und bei der Arbeit am Schreibtisch, wann immer es möglich ist, in dieselbe Richtung blicken.

Hängen Sie einen kleinen Kristall in den Nordost-Bereich des Schlafzimmers Ihres Kindes. Er dient als ausgezeichneter Energiespender beim Lernen und harmonisiert sehr gut mit dem Nordosten, dem in diesem Fall wichtigen Bildungsbereich.

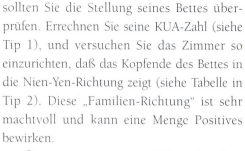

Versuchen Sie, Ihre Kinder davon zu überzeugen, nicht auf dem Boden zu schlafen.

Feng Shui für privates Glück
Stärkung von Liebe und Familienglück

37 Nutzen Sie Kristalle als „Liebesmagnet"

Die Kraft der Kristalle wird in der Feng-Shui-Praxis oft genutzt. Naturkristalle steigern die Energie des Südwest-Bereichs von Schlaf- und Wohnzimmer. Der Kristall ist das Sinnbild der Mutter Erde, der Südwesten der Bereich der Großen Erde. Er ist für Liebesglück, Liebesabenteuer und das Wohlergehen der Familie verantwortlich. Diese Regel gilt für alle Menschen unabhängig von ihrer speziellen KUA-Zahl (siehe Tip 1). Wenn Sie den Südwest-Bereich Ihres Schlafzimmers aktivieren, erzeugen Sie mehr Harmonie und Glück in Ihren Beziehungen zu geliebten Menschen. Von einem Kristall im Wohnzimmer profitieren alle Mitbewohner. Bevor Sie den Kristall aufstellen oder aufhängen, sollten Sie ihn gründlich waschen, um ihn von negativen Energien zu befreien. Legen Sie ihn hierfür sechs Tage und Nächte in Wasser mit etwas Meersalz.

Kristalle in der Wohnung

Ein Stück Bergkristall aktiviert die Erde-Energien des Südwest-Bereichs und verhilft Ihnen zu romantischen Liebeserlebnissen in Ihrem Leben.

Mit künstlich hergestellten Kristallen erzielen Sie die gleiche Wirkung. Eine besondere Wirkung entfalten sie auf einer sonnigen Fensterbank. Hier fangen sie das Sonnenlicht ein und leiten die positive Yang-Energie direkt ins Haus. Dies macht Kristalle zu einem besonders vorteilhaften Feng-Shui-Hilfsmittel.

> Kristalle sollten in ein helles Fenster gehängt werden. Hier fangen sie das Sonnenlicht ein, erzeugen herrliche Regenbogenfarben und liefern positive Yang-Energie. Durch ein Windspiel können Sie diese Wirkung erhöhen.

FENG SHUI FÜR PRIVATES GLÜCK

STÄRKUNG VON LIEBE UND FAMILIENGLÜCK

38

Mit Feng Shui können Sie die Partnerschaft stärken

Wenn sich Ihr Partner immer wieder einer festen Bindung entzieht, sollten Sie neben einem Kristall im Südwesten der Wohnung ein sehr helles Licht aufstellen. Das Licht im Liebesbereich verstärkt die Wirkung des Kristalls. Am effektivsten ist jedoch ein Kristalleuchter im Südwesten des Schlafzimmers. Auch jedes andere helle Licht, das jede Nacht mindestens drei Stunden lang brennen sollte, ist dafür geeignet. Es sollte jedoch nicht zu hell strahlen. Halogenlampen und Punktstrahler sind zu intensiv und verbreiten kein gutes Feng Shui. Weniger ist in diesem Fall mehr.

Auf den Südwesten achten

Oftmals kann eine Toilette im Südwest-Bereich des Hauses die Ursache eines Problems sein. Hierfür gibt es viele Beispiele. So etwa bei den Kindern meiner Freunde, die trotz einer großen Anzahl an Verehrern Schwierigkeiten hatten, den richtigen Partner zu finden. Denn eine Toilette im Südwesten mindert die Heiratschancen beträchtlich. Sie sollten diesen Raum deshalb besser in eine Abstellkammer umfunktionieren. Falls sich dieser Ratschlag nicht realisieren läßt, empfiehlt es sich, dort ein Windspiel aufzuhängen. Um die negative Energie der Toilette möglichst „niederzuhalten", sollte es fünf Stäbe aus schwarzem oder braunem Holz haben. Eine weitere Möglichkeit besteht darin, die Toilettentür mit einem großem Spiegel zu verkleiden.

Steigern Sie Ihre Heiratsaussichten

Junge Menschen können ihre Heiratschancen dadurch verbessern, daß sie einige große Steine im Südwest-Bereich ihres Gartens plazieren. Malen Sie in roter Farbe das doppelte Glückssymbol darauf, oder binden Sie ein rotes Band um den Stein. So aktivieren Sie seine positiven Energien.

Oben: Intensivieren Sie die Beziehung zu Ihrem Partner durch einen Kristall und ein helles Licht im Südwest-Bereich Ihres Schlafzimmers.

Links: Sie haben bessere Heiratschancen, wenn Sie das doppelte Glückssymbol auf große Steine im Südwesten Ihres Gartens malen.

Feng Shui für privates Glück
Stärkung von Liebe und Familienglück

Aktivieren Sie Ihre „Liebes-Bereiche"

Sie sollten hierfür Ihr persönliches Nien Yen stärken und schützen. Überprüfen Sie anhand der Tabelle in Tip 2 Ihre persönliche Nien-Yen-Himmelsrichtung, und versuchen Sie dann, mindestens drei der im folgenden beschriebenen Ratschläge umzusetzen. Versuchen Sie, möglichst viele der Tips zu verwirklichen, damit Ihr persönliches Feng Shui funktioniert.

Sie stimulieren Ihr Liebesleben, indem Sie Ihre persönliche Nien-Yen-Ecke des Schlafzimmers mit Energie aufladen. Benutzen Sie dazu die nebenstehenden Tips.

- Schlafen Sie mit dem Kopf in Ihrer Nien-Yen-Richtung.
- Wählen Sie ein Schlafzimmer, das in Ihrem Nien-Yen-Bereich liegt.
- Vergewissern Sie sich, daß sich Ihre Toilette auf keinen Fall in Ihrem Nien-Yen-Bereich befindet.
- Achten Sie darauf, daß die Schlafzimmertür in Ihrer Nien-Yen-Richtung liegt.
- Überprüfen Sie, ob Ihr Nien-Yen-Bereich fehlt.

Ihr Nien Yen ist im Süden
Hängen Sie ein helles Licht in den Süden Ihres Schlafzimmers. Stellen Sie dann ein kleines rotes Licht in den Nordwesten, und hängen Sie ein Windspiel in den Nordosten.

Nien Yen ist im Südosten
Stellen Sie ein rotes Licht in den Südosten. Hängen Sie ein Windspiel in den Nordosten, und plazieren Sie ein weiteres rotes Licht im Nordwesten.

Nien Yen ist im Osten
Stellen Sie ein rotes Licht in den Osten. Dekorieren Sie den Westen Ihres Schlafzimmers mit etwas Rotem und den Südwesten mit etwas Schwarzem.

Nien Yen ist im Nordwesten
Stellen Sie einen silbernen Bilderrahmen in den Nordwesten. Dekorieren Sie dann den Osten und Südosten in Metallic- oder Grautönen.

Nien Yen ist im Südwesten
Stellen Sie ein rotes Licht oder Kristalle in den Südwesten oder Norden Ihres Schlafzimmers. Dekorieren Sie den Osten in Metallic-Farben.

Nien Yen ist im Nordosten
Stellen Sie ein rotes Licht oder Kristalle in den Nordosten, und dekorieren Sie den Osten und Südosten Ihres Schlafzimmers in Metallic- oder Grautönen.

Nien Yen ist im Westen
Beziehen Sie Ihre Bettdecke gold- oder silberfarben, und hängen Sie ein silbergerahmtes Foto an die Westwand. Stellen Sie Kristalle in den Norden.

Nien Yen ist im Norden
Stellen Sie einen kleinen schwarzen Gegenstand in den Nordteil Ihres Schlafzimmers. Dekorieren Sie dann den Westen und Südwesten in Metallic- oder Grautönen.

Feng Shui für privates Glück
Stärkung von Liebe und Familienglück

Halten Sie die Energien in der Balance

40

Wenn Sie sich nach einer erfüllten Beziehung sehnen und nicht länger als Single leben wollen, sollten Sie prüfen, ob in Ihrer Umgebung die „weiblichen" und „männlichen" Energien im Gleichgewicht sind. Als Frau sollten Sie nicht ausschließlich nur Bilder mit Frauen aufhängen, denn so kann Ihre Umgebung unmöglich männliche Energie anziehen. Ich habe oft genug alleinstehende Freundinnen besucht, bei denen ich ausschließlich Bilder von Frauen an den Wänden sah. Sie waren Kunstliebhaberinnen mit einem ausgeprägten Sinn für die weibliche Form und hatten darüber die harmonische und ausgewogene Gewichtung ihrer Kunstwerke nicht beachtet. So fehlte auch in ihrem Leben das männliche Element.

Einer meiner Freunde hatte dasselbe Problem. Robert war ein sehr netter Junggeselle, der allein in einer Luxuswohnung in Hongkong lebte. Auf einer seiner Partys bemerkte ich, daß sein Heim ausschließlich mit männlichen Dingen dekoriert war. An den Wänden hingen Bilder von Cricket-Stars und Gemälde von Marinehelden. Er hatte auch klassizistische Skulpturen von Männern und Büsten toter Dichter – aber nichts Weibliches. Sein Heim war viel zu Yang-lastig. Im Gespräch klagte er dann über seine Probleme, die richtige Frau fürs Leben zu finden. Ich machte ihn auf den Mangel an weiblicher Energie in seiner Wohnung aufmerksam. Robert änderte dies, indem er zwei herrliche Gemälde mit weiblichen Motiven aufhängte. Das Gleichgewicht der Energien brachte ihm Glück und eine neue Beziehung zu einer wundervollen Frau.

Die Hundert Schönheiten
Eine Berufskollegin von mir besaß eine riesige Reproduktion des berühmten chinesischen Gemäldes „Die Hundert Schönheiten von Souchou" – ein klassisches historisches Bild, in Auftrag gegeben vom Ching-Kaiser Chien Lung aus Verehrung für die schönen Frauen von Souchou. Dieses wundervolle Bild hing in Seide gerahmt in ihrem Wohnzimmer. Eines Tages vertraute sie mir an, daß sie gerne heiraten und eine Familie gründen würde. „Aber es scheint, ich kann keine Beziehung länger als zwei Monate aufrechterhalten", lachte sie. Kurz vor ihrem 38. Geburtstag war sie dann ziemlich verzweifelt. Ich prüfte daraufhin ihr Nien Yen und klärte sie über die Wirkung von Feng Shui auf.

Ich überredete sie, das Bild der „Hundert Schönheiten" wegzugeben, da die weiblichen Yin-Energien in ihrer Umgebung durch das Gemälde zu stark dominierten. Nach kurzem Zögern schenkte sie es ihrem Bruder zum Geburtstag. Wenig später lernte sie Brian kennen, mit dem sie heute, elf Jahre später, noch immer glücklich verheiratet ist.

Unglücklich in der Liebe? Bei einem harmonischen Gleichgewicht von weiblicher und männlicher Kunst im Wohnbereich finden Sie als Single eher eine glückliche Beziehung.

FENG SHUI FÜR PRIVATES GLÜCK
STÄRKUNG VON LIEBE UND FAMILIENGLÜCK

41 Verwenden Sie Gegenstände nur paarweise

Das wichtigste Sinnbild im chinesischen Feng Shui ist das Yin/Yang-Symbol, das die komplementäre Einheit des Männlich/Weiblichen darstellt. Es stellt jenes Gleichgewicht dar, das in der Symbolsprache des Feng Shui so überaus lebendig ist. Verwenden Sie aus diesem Grund in Ihrem persönlichen Wohnbereich Gegenstände nur paarweise, um dadurch das naturgegebene Gleichgewicht der beiden gegensätzlichen Energien zu symbolisieren.

Zwei fürs Glück

In der chinesichen Kultur hat dieses paarweise Aufstellen und Verschenken einen besonders hohen Stellenwert. Vor allem Wohlstands- und Glückssymbole werden von den Chinesen meist paarweise verwendet. Das wichtigste Symbol, der Drache, wird entweder zu zweit, mit der „ewigen Perle" spielend, dargestellt, oder einzeln in Kombination mit einem Phönix als Sinnbild für eheliches Glück.

Paarweise Gegenstände bringen Ihnen Liebesglück. Mandarinenten (oben) fördern die junge Liebe, während, die Yin/Yang-Kugeln (unten) die wesenhafte Einheit von Mann und Frau symbolisieren.

Mandarinenten, die als Symbol jungen Liebesglücks gelten, werden in Tuschzeichnungen oder in Keramiken ebenfalls stets paarweise dargestellt, und niemals zu dritt. Ein weiteres Symbol für die Liebe ist ein Schmetterlingspaar. Dieses Motiv geht zurück auf eine tragisch endende chinesische Legende, in der zwei Liebende, die vom Schicksal verfolgt in inniger Umarmung sterben, und nach ihrem Tod erst als Schmetterlinge wieder vereint werden. Zwei weitere sehr bedeutungsvolle und glückbringende Sinnbilder der Liebe sind der doppelte Fisch und ein Paar Fußabdrücke. Letztere sollen an Buddhas Fußspuren erinnern und sind zugleich eine religiöse Darstellung für Buddhisten aller Traditionsrichtungen. Sie stehen für das Karma einer gesegneten Wiedergeburt nach dem Tod.

Feng Shui für privates Glück
Stärkung von Liebe und Familienglück

„Glücksdekor" für Ihr Schlafzimmer

42

Im Schlafzimmer, einem Raum der Ruhe und der Erholung, sollten die verwendeten Farben mehr die Yin- als die Yang-Energien betonen. Ein Ungleichgewicht sollte man dennoch vermeiden.

Für ein glückliches Liebesleben empfiehlt es sich dagegen, warme Yang-Farben zu verwenden. Seit altersher werden sie mit einer gesteigerten Fruchtbarkeit in Verbindung gebracht. Das Interesse an kinderreichen Ehen und männlicher Potenz hat in China eine Vielzahl von Aphrodisiaka und Glückssymbolen für Nachkommen und männliche Zeugungskraft hervorgebracht. Um sicherzugehen, den ersehnten Jungen und kein Mädchen zu zeugen, sind beispielsweise bestimmte Liebesstellungen günstig. Daneben spielt der Zeitpunkt des Liebesaktes eine entscheidende Rolle.

Folgende Ratschläge basieren auf den Überlieferungen der weiblichen Mitglieder meiner Familie. Sie sind Grundlage zu einem glücklichen Liebesleben:

- Gestalten Sie das Schlafzimmer während der ersten Ehejahre in roter Farbe. Wenn Sie diese Farbe als zu intensiv empfinden, verwenden Sie stattdessen Rosa oder Pfirsichgelb. Rot erzeugt Leidenschaft und verbreitet eine starke Yang-Energie, die Ihrer Beziehung Glück bringt. Weiß eignet sich besonders für Bettdecken. Hier sollten Sie auf Blau verzichten, diese Farbe ist besser für Teppiche und Tapeten geeignet.
- Stellen Sie niemals Topfpflanzen ins Schlafzimmer. Früchte hingegen haben eine anregende Wirkung, vor allem Granatäpfel sind Sinnbilder der Fruchtbarkeit.

Kinderbilder im Schlafzimmer eines Paares bringen der Ehe Glück. Sie symbolisieren das glückliche Ergebnis der Partnerschaft.

- Verheiratete Paare sollten in erster Linie Bilder mit Kindern und reifen Früchten aufhängen. Dies symbolisiert das glückliche Ergebnis ihrer Partnerschaft. Vermeiden Sie Blumen, – insbesondere Pfingstrosen, da diese die Gefahr von Seitensprüngen und das Auftauchen einer Nebenbuhlerin erhöhen können. Verbannen Sie deshalb die Pfingstrosenbilder vorsorglich in den Abstellraum, bis Ihre eigene Tochter das heiratsfähige Alter erreicht und von der Fruchtbarkeit dieser Blume profitieren kann.
- Stellen Sie kleine rote Lichter auf, um Leidenschaft und Fruchtbarkeit zu stärken.
- Vermeiden Sie das Element Wasser. Stellen Sie kein Aquarium und keinen Zimmerbrunnen ins Schlafzimmer. Vermeiden Sie auch die Abbildung eines Sees. Dies könnte Mißverständnisse und schlaflose Nächte verursachen.
- In der Vergangenheit ließen reiche Familien das doppelte Glückssymbol in ihre Schlafzimmermöbel schnitzen. Integrieren Sie diese Darstellung ebenfalls in Ihre Schlafzimmereinrichtung.

FENG SHUI FÜR PRIVATES GLÜCK
STÄRKUNG VON LIEBE UND FAMILIENGLÜCK

43 Holen Sie sich Hilfe von Mutter Erde

Feng Shui ist eine ganzheitliche Lehre, die alle Energien unserer Umwelt als eine Gesamtheit begreift. Das Erde-Element ist deshalb von großer Bedeutung. Symbolisch repräsentiert die südwestliche Himmelsrichtung und das Trigramm K'un (drei unterbrochene Linien) die Mutter Erde.

Ein Feng-Shui-Meister, den ich einmal in Hongkong traf, erzählte mir, daß es drei Hexagramme im I Ging gibt, die jeweils unterschiedliche Formen häuslichen Glücks bewirken. Dieser Mann war sowohl ein großer Meister des I Ging und dessen Auslegung als auch ein Kenner des Feng Shui. Er konnte zwar kein Englisch, aber alleine schon seine Art, wie er die Wirkung der insgesamt 64 Hexagramme auf das eigene Heim erklärte, war faszinierend. Drei davon können hervorragend eingesetzt werden, um die Energien Ihres Hauses zu stärken. Sie werden bezeichnet als K'un, Ch'ien und Sheng.

Für das Beziehungs- und Liebesglück, und vor allem zur Stärkung der Familienharmonie, empfahl er, die Kraft der Mutter Erde durch den Gebrauch des K'un-Hexagramms zu nutzen. Anbringen sollte man es im Südwest-Bereich des Hauses. Damit – so behauptete er – würde man die Energien der Familienmutter stärken.

Oben: Das Trigramm K'un beherrscht den Südwesten und symbolisiert Mutter Erde, auch die Große Erde genannt. Es gilt als das stärkste Yin-Trigramm und steht für die weibliche Energie. Das K'un-Trigramm stärkt Ihr Liebesleben.

Unten: Diese Berglandschaft ist ein ideales Sinnbild für die Mutter Erde und symbolisiert Glück.

Leuchter mit ihrem Kristallgehänge erzeugen gute Yang-Energie. Im Eingangsflur ziehen Sie das Chi ins Haus, und im Südwesten bringen sie Glück in die Beziehung.

Hängen Sie einen Leuchter in den Südwesten

44

Ich bin ein großer Fan von Leuchtern und benutze sie gerne, um die verschiedenen Arten von positivem Chi in meinem eigenen Heim zu aktivieren. Ein kleiner hängt vor der Eingangstür, ein etwas größerer innen im Eingangsbereich, um positives Chi anzuziehen und ins Haus zu locken. Einen großen Leuchter habe ich über den Eßzimmertisch gehängt. Seine kostbare Yang-Energie wirkt sich an dieser Stelle besonders günstig aus.

Harmonie für Ihr Heim

Der Einsatz von Leuchtern ist am wirkungsvollsten im Südwesten des Hauses. Dort steigert die Verbindung von Feuer und Erde das Liebesglück der Bewohner. Verheiratete Paare werden glücklicher, und den jugendlichen Familienmitgliedern wird es nie mehr an Freundschaften und sozialen Kontakten mangeln.

Ein Leuchter im Südwesten des Hauses fördert das Beziehungsglück in besonderem Maße. Er läßt jeden Bewohner mit Freunden und Familie in gutem Einvernehmen leben und erzeugt mehr Harmonie. Spannungen zwischen Eheleuten und Rivalitäten zwischen Geschwistern werden auf diese Weise gemindert.

Feng Shui für privates Glück

Stärkung von Freundschaften

Mehr soziale Kontakte mit Feng Shui

Ein aktives Sozialleben unterstützen Sie durch fünf in einer Wasserschale schwimmende Kerzen in Kerzenhaltern aus Holz. Durch Hinzufügen von kleinen Kieseln (Erde) und Metallstückchen können Sie auch alle Elemente aktivieren.

Um Ihre sozialen Kontakte zu fördern, sollten Sie die Yang-Energie im Südwest-Bereich Ihres Heims durch helle Lichter steigern. Es gibt hierfür viele Möglichkeiten. Die beste Methode ist, den Südwestteil Ihres Gartens mit sehr hellem Licht zu erleuchten. Diese Lichter innerhalb Ihres persönlichen Bereichs ziehen die wertvolle Mutter-Energie des Südwestens in die Nähe Ihres Hauses.

Helle Lichter steigern Ihr Glück

In meinem Falle habe ich drei runde Leuchten an einer Stange anderthalb Meter über dem Boden angebracht. Dies ist besser als eine Beleuchtung, die von unten strahlt.

Ich habe hierfür eine Stange benutzt, die innen hohl ist, weil auf diese Weise die Erde-Energie besser nach oben steigen kann. Die Plazierung im Südwesten, dem Bereich der großen Erde und somit der Fünf Elemente (siehe Tip 11), erzeugt eine Menge positiver Energie.

Wenn Sie keinen Garten in Richtung Südwesten besitzen oder in einer Wohnung ohne Garten leben, können Sie auch auf dem Balkon oder auf der Terrasse ein Licht im Südwesten aufstellen. Für einen Dachgarten gilt dasselbe. Wenn Sie möchten, können Sie statt der drei Lichter zwei nehmen, da auch die Zahl 2 für den Südwesten steht.

Wenn Ihre Wohnung nur aus zwei Zimmern besteht, Wohn- und Schlafzimmer, sollten Sie im Wohnzimmer versuchen, die Energie zu aktivieren. Bestimmen Sie den Südwest-Bereich Ihres Heims anhand eines Kompasses.

Stellen Sie eine normale Lampe in diesen Bereich. Sie sollte rot, leuchtend gelb oder orange sein, um die Wirkung der Yang-Energie zu stärken. Die Lampe sollte nicht zu groß sein und den Raum nicht dominieren. Sie können die Lampe auch auf einen Tisch stellen. Egal wofür Sie sich entscheiden, die Lichter sollten stets anderthalb Meter über dem Boden sein. Sie können das Licht auch in dieser Ecke aufhängen. Ich selber habe Kristalleuchter in die Südwest-Bereiche all meiner für Besucher zugänglichen Räume gehängt. Nur im Schlafzimmer sollten Sie nach Möglichkeit darauf verzichten.

Feng Shui für privates Glück
Stärkung von Freundschaften

Windspiele steigern Ihre Beliebtheit

Es gibt viele widersprüchliche Empfehlungen zum Gebrauch von Windspielen, die nicht miteinander zu vereinbaren sind. Manche sind der Meinung, daß Windspiele im Haus herumirrende Geister anziehen und den Energiefluß im Haus durcheinanderbringen. Dem möchte ich entschieden widersprechen. Windspiele sind eines der wirkungsvollsten und empfehlenswertesten Feng-Shui-Hilfsmittel zur Verbesserung der Energieströme. In meinem Haus hängen seit über 20 Jahren Windspiele, die mir immer Glück und Gewinn gebracht haben. Damit sie ihre glückbringende Energie optimal einsetzen können, gilt es die drei folgenden Punkte zu beachten:

- Benutzen Sie ein Windspiel aus Holz, Keramik oder Metall? Das Material Ihres Windspiels stärkt oder zerstört das Element des jeweiligen Bereichs. Um die Energien zu stärken, müssen die Windspiele zum Element des Bereichs passen. Metall-Windspiele eignen sich für den Westen, Nordwesten und Norden. Keramik-Windspiele sind optimal für den Südwesten, Nordosten und die Mitte, Holz-Windspiele für den Osten, Südosten und Süden.
- Wollen Sie mit Ihrem Windspiel die negative Kraft eines speziellen Bereichs oder eines Gegenstandes verringern oder es als energiestärkendes Feng-Shui-Hilfsmittel einsetzen? Wenn Sie die negativen Energien – beispielsweise eines „Giftigen Pfeils" – mildern wollen, verwenden Sie ein Metall-Windspiel mit fünf Stäben.
- Die Anzahl der Stäbe des Windspiels ist entscheidend: Für die Steigerung von glückbringender Energie sind sechs oder acht Stäbe erforderlich, zur Unterdrückung negativer Energien verwenden Sie ein Windspiel mit fünf Stäben.

Windspiele können Energien in den verschiedenen Bereichen Ihres Hauses steigern. Ein Windspiel mit fünf Metallstäben eignet sich zur Abwehr von „Giftigen Pfeilen".

Hängen Sie ein Windspiel mit zwei oder neun Kristall- oder Keramikstäben in die Südwest-Ecke Ihres Wohnzimmers – niemals jedoch ins Schlaf- oder Arbeitszimmer. So werden Sie Ihre Beliebtheit steigern. Die beste Wirkung erzielen Sie in Räumen, die für Besucher zugänglich sind. Um Kontakt zu einflußreichen Leuten zu knüpfen, ist ein Windspiel mit sechs oder acht Metall-Stäben, im Nordwestteil Ihres Wohnzimmers plaziert, am hilfreichsten.

FENG SHUI FÜR PRIVATES GLÜCK
STÄRKUNG VON FREUNDSCHAFTEN

Stärken Sie Ihre Freundschaften

Einige Indianerstämme Nordamerikas benutzen Kiefernzweige zur „Reinigung" des Heims von negativer Energie. Auch in Tibet und Nepal werden getrocknete Kiefernnadeln zum Herstellen von scharf riechendem Räucherwerk verwendet. Diese sollen hervorragend dazu geeignet sein, Wohnungen während einer Gebetssitzung, eines Poojah oder Götteropfers zu segnen.

Im Feng Shui ist die Kiefer gleichfalls ein besonderer Baum. Sie gilt als Sinnbild für Langlebigkeit und lebenslange Freundschaft. In alten Zeiten haben Angehörige der chinesischen Kriegerkaste, die sich als Blutsbrüder verstanden, ihre unlösbaren Bande dadurch gestärkt, daß sie ihre Hände im Rauch eines Feuers aus Zweigen und Nadeln der Kiefer rieben. Das Ritual schrieb vor, erst die eigenen Hände, dann die der anderen und zum Schluß das Gesicht mit dem aufsteigenden Rauch einzureiben. So geknüpfte Freundschaftsbande sollten bis in den Tod halten. Jede Kiefernart ist für die Stärkung von Freundschaften geeignet, die Wirkung des Wacholders gilt als besonders stark.

Kiefernzweige stehen für langes Leben und Freundschaft. Beides können Sie stärken, wenn Sie einen Zweig mit drei Verzweigungen ins Wasser legen und dann in der Nähe der Haustür aufstellen.

Chi ins Haus lassen

Im Feng Shui benutzen Sie am besten einheimische Kiefernarten. Wacholder und alle anderen kegelförmigen Arten sind dafür geeignet. Pflücken Sie einen Kiefernzweig mit drei Verzweigungen, so daß er die drei Arten des Glücks symbolisiert: Himmel, Erde und Menschheit. Der richtige Platz für den Zweig ist nahe der Eingangstür Ihres Hauses. Diese ist der Eintrittsort für das Chi in Ihr Heim.

Legen Sie den Kiefernzweig hierzu ins Wasser, und zwar maximal drei Tage und nur solange, bis die Nadeln abfallen. Neben der Stärkung der Freundschaft verhilft dies auch allen Mitbewohnern zu einem langen Leben. Besonders zu empfehlen ist diese Methode für Haushalte mit älteren Menschen. Um dem Familienvater ein langes Leben zu sichern, stellt man die Zweige am besten in den Nordwest-Bereich des Wohnzimmers. Als Ersatz für richtige Kiefernzweige können Sie auch ein Landschaftsgemälde mit Kiefernwäldern an die Wand hängen.

FENG SHUI FÜR PRIVATES GLÜCK

STÄRKUNG VON FREUNDSCHAFTEN

48

Vermeiden Sie drei Personen auf einem Bild

Lichtet man drei Personen auf einer Fotografie ab, so hat dies schlechte Auswirkungen auf Ihre Freundschaft. Dies gilt jedoch nicht, wenn die drei abgebildeten Personen Familienmitglieder sind. Denn glückliche Familienfotos verbreiten gutes Feng Shui (siehe Tip 30), und speziell bei einer dreiköpfigen Familie empfiehlt sich bei Fotoaufnahmen eine dreieckige Anordnung der Personen. Das wichtigste Familienmitglied sollte die Spitze des Dreiecks bilden. Die beiden Fotos unten zeigen hierfür Beispiele.

In China ist man diesbezüglich sehr abergläubisch. In alten Zeiten war es Künstlern untersagt, drei Freunde auf einem Bild darzustellen. Selbst zwei Personen wurden als ein Zeichen für Unglück angesehen. Bei den drei so abgebildeten Personen glaubte man, führe dies zu Konflikten. Man glaubte, die mittlere Person werde von den beiden anderen getrennt.

Sie sollten an diese möglichen Auswirkungen denken, wenn Sie das nächste Mal Freunde fotografieren oder selbst mit Freunden fotografiert werden.

Der richtige Platz für Fotos
Beim Aufhängen Ihrer Fotos sollten Sie die folgenden Hinweise beachten:
- Hängen Sie niemals Familienfotos direkt gegenüber der Toilette auf.
- Hängen Sie niemals Ihr eigenes Foto in eine ungünstige Himmelsrichtung (siehe Tabelle im Tip 2).
- Hängen Sie niemals ein Familienfoto gegenüber der Eingangstür auf.
- Hängen Sie niemals ein Familienfoto gegenüber einer Treppe auf.
- Hängen Sie niemals ein Familienfoto im Kellergeschoß auf.

Familienfotos
Drei Personen nebeneinander darzustellen, kann sich auf deren Freundschaft ungünstig auswirken (oben). Wenn Ihre Familie nur aus drei Personen besteht, eignet sich eine dreieckige Anordnung für das Foto (rechts). Das wichtigste Familienmitglied bildet die Spitze des Dreiecks.

FENG SHUI FÜR PRIVATES GLÜCK
STÄRKUNG VON FREUNDSCHAFTEN

49 Die richtige Sitzordnung bei Ihren Festen

Runde Tische eignen sich optimal für gesellige Abende. Um eine harmonische Stimmung zu erzeugen, setzen Sie jeden Gast gemäß seiner Himmelsrichtung.

Sollen Ihre Feste und Einladungen harmonisch und erfolgreich verlaufen, beherzigen Sie am besten einige Feng-Shui-Empfehlungen. So bereiten Sie sich und Ihren Gästen einen angenehmen Abend.

Am einfachsten läßt sich dies erreichen, indem Sie jedem Ihrer Gäste einen Platz in seiner optimalen Richtung zuweisen. Berechnen Sie die KUA-Zahl eines jeden Teilnehmers (siehe Tip 1), und setzen Sie ihn in zumindest eine von seinen vier günstigen Richtungen. Zufriedene und freundliche Gäste werden es Ihnen sicherlich danken. Um ein harmonisches Yin/Yang-Gleichgewicht zu erreichen, setzen Sie am besten Gäste verschiedenen Geschlechts abwechselnd nebeneinander. Der Ausgleich der Yin- und Yang-Energien ist jedoch weniger wichtig als die Feststellung der richtigen Himmelsrichtung.

Runde Tische sind rechteckigen immer vorzuziehen. Am wenigsten eignen sich T- oder L-förmige Tichkombinationen. Wenn unerwartet mehr Gäste kommen als Sie Stühle im Haus haben, ist es besser, kurzfristig ein Stehbuffet zu improvisieren, als auf die Schnelle noch Stühle zu organisieren.

Die Tischordnung
Folgende Überlegungen sollten Sie bei Ihrer Planung berücksichtigen:
- Setzen Sie niemanden an die Ecke eines quadratischen oder rechteckigen Tisches.
- Setzen Sie niemanden mit Blick auf die Toilette.
- Setzen Sie niemanden mit Blick auf die Tür des Eßzimmers.
- Setzen Sie niemanden direkt unter einen freiliegenden Deckenbalken.
- Setzen Sie niemanden mit Blick auf einen Wandvorsprung.

FENG SHUI FÜR PRIVATES GLÜCK
STÄRKUNG VON FREUNDSCHAFTEN

Vorsicht vor Messern und Scheren

50

Wenn Sie an Ihrem Schreibtisch arbeiten, sollten keine Scheren auf der Tischplatte liegen, deren Spitze auf Sie oder auf andere zeigt. Eine harmlose Schere kann so zu einem gefährlichen „Giftigen Pfeil" werden und feindliche Energien aussenden. Dieser Rat gilt auch für den Gebrauch von Taschenmessern und Schraubenziehern, aber auch bei anderen Werkzeugen wie Hammer und Bohrer. Schulen Sie Ihr Auge für herumliegende Gegenstände, bis Ihnen diese Wachsamkeit in Fleisch und Blut übergeht.

Richten Sie einen scharfen Gegenstand – ein Messer oder eine Schere – auf einen Freund, so treiben Sie damit einen „Keil" zwischen Sie beide. Nichts tötet Freundschaften schneller als ein scharfer Gegenstand. Aus diesem Grund sollten Sie niemals etwas Scharfes verschenken, denn die Folgen sind fast immer unerfreulich.

Verschenken Sie keine Messer

51

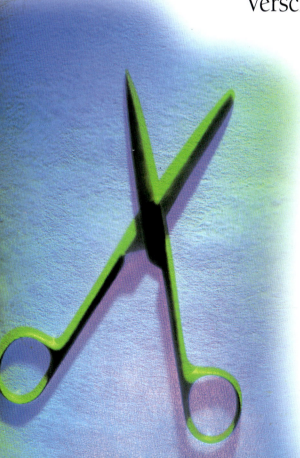

Spitze, scharfe oder gefährliche Gegenstände besitzen negative Energie und übertragen, wenn man sie verschenkt, auf den Empfänger schlechtes Feng Shui. Deshalb verschenkt man in China niemals Werkzeuge, Messer oder andere scharfe Sachen. Sollte Ihnen dennoch ein derartiges Geschenk überreicht werden (etwa eine Werkzeugkiste, ein Schweizer Taschenmesser oder ein Korkenzieher), können Sie die negative Wirkung aufheben. Bedanken Sie sich beim Schenkenden, indem Sie ihm sofort im Gegenzug eine Münze oder Banknote überreichen. Damit haben Sie ihm das Geschenk symbolisch „abgekauft" und die negative Energie des Präsents abgewendet. Diese „Bezahlung" ist in jedem Fall ratsam, da die Auswirkungen tragisch sein können. Denn meist steckt in jeder Überlieferung ein kleines Quentchen Wahrheit.

Wenn Ihnen jemand etwas Scharfes – beispielsweise ein Schweizer Taschenmesser oder eine Nähschere – als Geschenk überreicht (Bild links), bedanken Sie sich mit einer Münze, um die negativen Energien abzuwenden.

Feng Shui für privates Glück
Stärkung von Freundschaften

Gutes Feng Shui für Ihre Nachbarn

Durch Feng Shui können Sie auch Ihre nachbarschaftlichen Kontakte und freundschaftlichen Beziehungen positiv beeinflussen. Lassen Sie deshalb auch Ihre Nachbarn an Ihren positiven Energien teilhaben.

Achten Sie darauf, kein schlechtes Feng Shui für Ihre Umgebung zu erzeugen. Die Energie Ihres Umfeldes wird auf diese Weise mit heilsamem Chi angereichert, das noch frei ist von der negativen Energie der „Giftigen Pfeile". Diese können leicht durch Dachfirste, Hausfassaden und Ecken ausgesandt werden. Aus diesem Grund zögere ich auch immer, einfache Feng-Shui-Probleme durch den Einsatz des Pa-Kua-Spiegels zu lösen (siehe Tip 5). Der Pa-Kua-Spiegel ist ein mächtiges Hilfsmittel und kann andere auch verletzen.

„Giftige Pfeile"

Wenn ein „Giftiger Pfeil" meine Eingangstür bedroht, kann man seine negative Energie auch durch ein Windspiel oder eine Pflanze abwehren. Ein Pa Kua würde dagegen unweigerlich meinen Nachbarn schädigen. Wenn Sie bei der Planung Ihrer Feng-Shui-Maßnahmen immer die möglichen Auswirkungen auf Ihre Umgebung in die Überlegungen einbeziehen, steigern Sie auf diese Art das Wohlbefinden Ihrer Mitmenschen.

Das Aufstellen von Lichtern entlang Ihres Grundstücks erzeugt ebenfalls positive Energie für Sie und Ihre Nachbarn. Nahe der Eingangspforte verbreiten die Lichter Harmonie. Ein Zaun zwischen zwei Grundstücken sollte so gestaltet sein, daß er keine negativen Energien zum Nachbarn sendet. Auch scharfe und spitze Pfeile oder Dreiecke, die auf sein Haus zeigen, könnten ihm Unglück bringen. Versucht er durch Pa-Kua-Spiegel die Energien abzuhalten, wird die negative Wirkung auf Sie zurückfallen.

Ein gutes Verhältnis zu den Nachbarn zahlt sich aus. Verwenden Sie deshalb keine Pa-Kua-Spiegel, da diese die negativen Energien reflektieren und zu ihren Nachbarn zurückwerfen (links). Eine harmonische Nachbarschaft läßt sich auch fördern, indem Sie Gartenzaun und -tor in runden Formen gestalten. Damit verhindern Sie, daß „Giftige Pfeile" Ihre Nachbarn treffen (oben).

FENG SHUI FÜR PRIVATES GLÜCK

STÄRKUNG VON FREUNDSCHAFTEN

Zeigen Sie nicht mit dem Finger

53

Sie sollten niemandem erlauben, im Gespräch mit ausgestrecktem Finger auf Sie zu zeigen. Das lenkt negative Energie auf Sie. Je öfter Sie solchen Situationen ausgesetzt sind, um so mehr negative Energie sammelt sich an. Umgekehrt sollten auch Sie ein derartiges Verhalten unterlassen.

In einigen Kulturen gilt es als äußerst unhöflich, beim Sprechen mit dem Finger auf jemanden zu zeigen. Die Gesprächspartner wenden sich von Ihnen ab, und die so zustande gekommene negative Energie kann

sehr gefährlich werden. In gleicher Weise erzeugt Werbung, die mit dieser Geste arbeitet, sehr schlechte Energie.

Das wohl bekannteste Plakat dieser Art war der Aufruf zum Eintritt in die US-Armee. „Uncle Sam wants you" lautete der Werbespruch. Ein Mann zeigt hier mit dem ausgestreckten Finger direkt auf den Betrachter – unter Feng-Shui-Aspekten eine schlechte Werbung.

Zeigen Sie beim Sprechen auch nie mit einer Schere auf Ihren Gesprächspartner.

Hilfreiche Freunde

54

Hilfsbereite und nicht-hilfsbereite Menschen spielen im Feng Shui eine wichtige Rolle. Wenn Sie unerwartet von einer einflußreichen Person Hilfe bekommen oder durch Empfehlungen einen Karrieresprung machen, werden Sie verstehen, warum diese Personen als „Menschen vom Himmel" bezeichnet werden.

Will sich eine Person an Ihnen rächen, oder Sie werden betrogen, wird Ihnen bald klar, warum diese Leute im Feng Shui „Menschen aus der Hölle" genannt werden.

Ihr Ch'ien-Bereich

Bestimmte Konstellationen Ihres persönlichen Feng Shui sind für die Anwesenheit oder das Fehlen hilfsbereiter und nicht-hilfsbereiter Menschen in Ihrem Leben verantwortlich. Entscheidend dafür ist der

Ch'ien-Bereich in Ihrer Umgebung. Seine Himmelsrichtung ist der Nordwesten. Er wird vom Ch'ien-Trigramm beherrscht – dem wichtigsten Yang-Trigramm. Dieser Bereich ist in Ihrem Haus von großer Bedeutung und sollte stets geschützt werden.

Ihren Ch'ien-Bereich bestimmen Sie durch den Kompaß. Hängen Sie dann ein Metall-Windspiel mit acht hohlen Stäben in Ihren Ch'ien-Bereich, um hilfreiche Freunde anzuziehen. Zugleich steigern Sie dadurch das Glück des Familienvaters.

Stellen Sie keine hellen Lichter in den Nordwesten Ihres Hauses. Die Präsenz des Feuer-Elements im Nordwesten kann sich sehr schädlich auswirken. Auf keinen Fall sollten Sie Punktstrahler oder Leuchter in diesem Bereich Ihres Hauses oder Ihres Wohnzimmers anbringen.

FENG SHUI FÜR PRIVATES GLÜCK

STÄRKUNG VON FREUNDSCHAFTEN

55 Lehnen Sie nie einen Schluck zum Abschied ab

In China bietet man seinen Gästen gerne zum Abschied ein Getränk an. Sie sollten das Angebot nie ablehnen, denn es sichert Ihnen eine ungefährdete Heimkehr – selbst wenn Sie nur einen symbolischen Schluck nehmen.

Man nimmt diese alte Tradition in China sehr ernst. Die positive Wirkung des Abschiedstrunks gilt auch im Feng Shui. Sollte der Gast das Angebot nicht annehmen, läuft er Gefahr, auf dem Heimweg zu verunglücken. Sie könnten auf Ihrer Fahrt in einen Unfall verwickelt werden oder ihn selbst verursachen. Sollte Ihnen also ein Abschiedsschluck oder -happen angeboten werden, nehmen Sie unbedingt an.

Wenn Ihnen auf einer Party zum Abschied ein letztes Getränk angeboten wird, sollten Sie es annehmen! Eine Ablehnung könnte Ihnen für Ihren Weg nach Hause Unglück bringen.

56 Das letzte Stück bringt Ihnen Unglück

Führt das Zugreifen beim letzten verbliebenen Stück Essen der Mahlzeit dazu, daß man unverheiratet bleibt? Oder behindert es die Suche nach einem idealen Lebenspartner?

Ist dies alles nur ein alter Aberglaube, den man in der Jugend beigebracht bekommt? So lehrte man auch mich, falls ich das letzte Stückchen Huhn oder Torte nehme, hätte ich Schwierigkeiten, einen Ehemann zu finden. Aus diesem Grund war ich in meiner Teenager-Zeit immer darauf bedacht, niemals die Reste aus einem Topf oder von der Platte zu nehmen.

Ein alter Feng-Shui-Praktiker aus Hongkong, der diesen Brauch befürwortete, erklärte mir die tiefere Bedeutung, die dahinter steckt. Er erzählte mir, daß, wenn man regelmäßig das letzte Stück einer Mahlzeit nimmt, dies eine Schwächung der eigenen Energien zur Folge hat und dem Glück der Nachkommen schadet.

Feng Shui für privates Glück
Stärkung von Freundschaften

Vorsicht mit Tee- und Kaffeekannen 57

Wenn Sie beispielsweise Tee, Kaffee oder Getränke servieren, sollten Sie darauf achten, daß der Ausguß der Kanne nicht direkt auf einen Ihrer Gäste zeigt. Er würde sonst kleine „Giftige Pfeile" mit negativer Energie auf Ihre Gäste aussenden.

Sollte einmal bei einer Einladung der Ausguß einer Kanne auf Sie zeigen, scheuen Sie sich nicht, die Kanne umzudrehen. Andernfalls wird der „Tödliche Atem" auf Sie treffen. Achten Sie bei Einladungen darauf: „Giftige Pfeile" erzeugen Störungen, die zu regelrechten Konflikten werden können. In China verwendeten die Triaden-Organisationen den Ausguß der Teekanne häufig als geheimes Zeichen, um sich untereinander auf einen Verräter aufmerksam zu machen. Der Ausguß wurde so gedreht, daß er direkt auf den Außenseiter zeigte und unsichtbare „Giftige Pfeile" aussandte.

Wenn Sie Tee anbieten, achten Sie darauf, daß der Ausguß der Kanne nicht direkt auf einen Ihrer Gäste weist. Das kann schädlich sein.

Verwenden Sie kein beschädigtes Geschirr 58

Servieren Sie Ihren Freunden niemals Getränke in Tassen oder Gläsern mit beschädigtem Rand. Trinkt man aus einem solchen Gefäß, und sei die Beschädigung auch noch so klein, bringt das Unglück. Es verletzt symbolisch den Mund bzw. beeinflußt Ihre Worte negativ, so daß Sie in Schwierigkeiten geraten.

Sie sollten deshalb von Zeit zu Zeit Ihr Geschirr überprüfen und beschädigte Teile aussortieren. So gehen Sie sicher, daß diese Tassen oder Gläser von niemandem mehr benutzt werden und keine Gefahr mehr darstellen.

In China verbindet man mit beschädigten Schalen und Gläsern finanzielle Verluste. Wenn Sie daraus essen und trinken, müssen Sie mit Einbußen in Ihrem Lebensstandard rechnen. Sind Sie Geschäftsmann, so könnte unter Umständen Ihr Unternehmen gefährdet sein. Seien Sie also im Umgang mit Teetassen besonders vorsichtig.

Feng Shui im Büro
Optimierung Ihres Arbeitsbereichs

Die ideale Position für Ihren Arbeitsplatz

Wenn Sie auch bei der Arbeit in den Genuß von gutem Feng Shui kommen möchten, sollten Sie Ihr Arbeitsumfeld sorgfältig auswählen. Den Arbeitsbereich nach den eigenen Wünschen zu gestalten, ist oft nur eingeschränkt möglich. Trotzdem ist es ratsam, einige grundlegende Feng-Shui-Regeln zu beachten.

Vermeiden Sie, direkt vor einer quadratischen Säule zu sitzen. Die harten Kanten der Säule können sich verheerend auf Ihre Arbeit auswirken. Unter diesen Bedingungen stellt sich beruflicher Erfolg nur selten ein, dafür wird die Anfälligkeit für Krankheiten um so größer. Am besten, man verlegt seinen Arbeitsplatz in einen anderen Raum. Geht dies nicht, hilft es, Pflanzen um die Säule zu gruppieren oder einen Spiegel aufzuhängen. Auf diese Weise können Sie die Säule symbolisch verschwinden lassen.

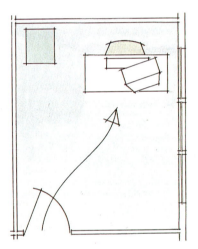

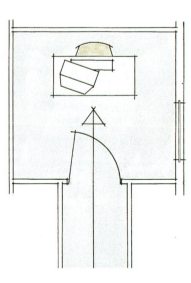

Position des Schreibtisches

Der beste Platz für den Schreibtisch im Büro ist in der äußeren rechten Ecke des Zimmers, diagonal zur Tür (oben).

Der Platz direkt gegenüber der Tür ist eine ungünstige Position für den Schreibtisch (rechts).

Richtlinien fürs Büro
- Stellen Sie den Schreibtisch immer diagonal zur Eingangstür in die äußere Ecke des Raums. Je weiter hinten man im Zimmer sitzt, um so besser das Feng Shui.
- Der Arbeitsplatz sollte sich nie am Ende eines langen Flurs oder Ganges befinden.
- Ihr Schreibtisch sollte nie direkt gegenüber einer Toilettentür oder einer Treppe liegen. Ihre Aufstiegschancen verschlechtern sich dadurch erheblich.
- Achten Sie darauf, daß Ihr Stuhl nicht direkt unterhalb eines freiliegenden Deckenbalkens steht. Kopfschmerzen und ständiger Druck könnten die Folge sein.
- Sitzen Sie nicht mit dem Rücken zur Eingangstür, gleichgültig ob es sich um die Tür zu Ihrem Bürozimmer oder um die Eingangstüre Ihrer Firma handelt.
- Ihr Sitzplatz sollte nicht auf eine hervorstehende Ecke weisen, so daß Sie auf der verlängerten Linie einer schneidenden Kante sitzen. Verrücken Sie den Tisch und blocken Sie die Wirkung mit Hilfe einer Pflanze ab.

FENG SHUI IM BÜRO

OPTIMIERUNG IHRES ARBEITSBEREICHS

Aktivieren Sie Ihre Kompaßfelder

60

Überprüfen Sie anhand von Tip 1 die für Sie vorteilhaften Bereiche. In der Tabelle erkennen Sie, ob Sie zur westlichen oder östlichen Gruppe gehören. Die Himmelsrichtungen der Ost-Gruppe sind Osten, Norden, Süden und Südosten. Die West-Gruppe orientiert sich nach Westen, Südwesten, Nordwesten und Nordosten. Die unten aufgeführten Hinweise sollen Ihnen helfen, Ihr Büro zu aktivieren.

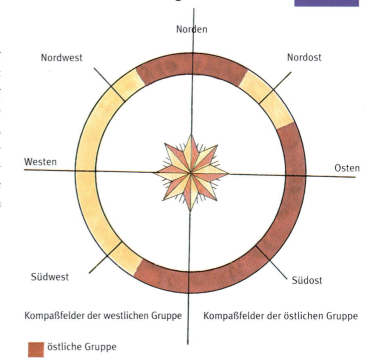

Kompaßfelder der westlichen Gruppe | Kompaßfelder der östlichen Gruppe

- östliche Gruppe
- westliche Gruppe

West-Gruppe

- Aktivieren Sie den Westen mit Hilfe eines Flugzeugmodells. Beladen Sie dieses mit Münzen, die mit einem roten Band zusammengebunden sind. Auch Glöckchen und Windspiele sind hier hilfreich.

- Aktivieren Sie den Nordwesten auf die gleiche Art. Verwenden Sie weder im Westen noch im Nordwesten helle Lichtquellen, da hierdurch vorhandene Probleme verschlimmert werden.

- Aktivieren Sie den Südwesten durch eine Anzahl Naturkristalle. Falls sich die Haupteingangstür des Büros im Südwesten befindet, plazieren Sie hier einen großen Kristall. Ein Freund von mir legte sich einen großen Amethyst ins Büro, der alle guten Einflüsse, die in den Raum gelangten, einfangen sollte. Tatsächlich hatte er erstaunlich viel Erfolg.

- Aktivieren Sie den Nordosten auf die gleiche Weise wie den Südwesten. Die Kristalle können hier auch etwas kleiner sein.

Rechts:
Eine Schildkröte in einer Wasserschale kann den Nord-Bereich der östlichen Gruppe günstig beeinflussen.

Links:
Ein Amethyst ist bei der westlichen Gruppe hilfreich zur Aktivierung des Südwest-Bereichs.

Ost-Gruppe

- Aktivieren Sie den Ost-Bereich mit Pflanzen und Blumen sowie mit Bildern, auf denen üppige Vegetation und Wasser zu sehen sind. Alles Metallartige sollte auf diesen Abbildungen unbedingt vermieden werden. Windspiele richten großen Schaden an.

- Für das Aktivieren des Südwestens gelten die gleichen Regeln. Dieser Bereich eignet sich besonders für einen kleinen Brunnen oder eine einfache, mit Wasser gefüllte Schale.

- Dekorieren Sie den Norden mit einer breiten, flachen Schale Wasser, und setzen sie eine Schildkröte hinein. Die Schildkröte kann echt oder künstlich sein.

- Den Süden sollten sie durch rote Farben aktivieren. Verstärken Sie die Wirkung, indem Sie zusätzlich eine helle Lichtquelle installieren. Durch die Aktivierung des Südens steigt Ihr Ansehen.

Feng Shui im Büro

OPTIMIERUNG IHRES ARBEITSBEREICHS

61 Aktivieren Sie Ihre Glücksrichtungen

Die KUA-Formel für die günstigsten Himmelsrichtungen ist, richtig angewendet, enorm wirkungsvoll (siehe Tip 1). Die KUA-Formel basiert auf zwei Feng-Shui-Symbolen – dem Pa Kua mit den Acht Trigrammen sowie dem Lo-Shu-Quadrat mit seinen Neun Zonen.

Die glück- und unglückbringenden Himmelsrichtungen haben wir bereits auf Grundlage der persönlichen KUA-Zahl in Tip 2 bestimmt. Doch es genügt nicht, nur die Richtung zu wissen. Um wirklich von der Formel zu profitieren, ist die richtige Anwendung der Himmelsrichtungen notwendig.

Das Büro ist ein besonders geeigneter Platz, um die günstigen Bereiche Ihrer persönlichen KUA-Zahl umzusetzen. Prüfen Sie noch einmal unter Tip 2 die für Sie günstigen Himmelsrichtungen, und befolgen Sie dann bitte mindestens einen der Hinweise:

- Setzen Sie sich während der Arbeit genau in Richtung Ihres Sheng Chi, also in die für Sie günstigste Himmelsrichtung.
- Richten Sie Ihren Arbeitsplatz so ein, daß er sich in einem für Ihr Sheng Chi günstigen Bereich befindet.

Die unglückbringenden Richtungen

Nicht immer kann man sich den optimalen Sitzplatz aussuchen oder in die günstigste Richtung blicken. In diesem Fall sollten Sie Ihre Sitzposition so verändern, daß Sie wenigstens in eine der drei für Sie günstigen Richtungen blicken. Dadurch verhindern Sie, daß negative Kräfte auf Sie einwirken.

Die erste der vier für Sie günstigen Himmelsrichtungen bringt Ihnen in beruflicher und geschäftlicher Hinsicht Glück. Die vierte Richtung fördert Ihre persönliche Entwicklung.

Prägen Sie sich Ihre günstigen und ungünstigen Himmelsrichtungen ein. So können Sie sich in allen Lebenslagen daran orientieren. Sollten Sie z. B. die KUA-Zahl 6 haben, sind Westen, Nordosten, Südwesten und Nordwesten Ihre optimalen Bereiche. Negativ wirken sich dagegen Südosten, Osten, Norden und Süden aus. Oben steht der Tisch in Richtung Norden – eine ungünstige Position für Menschen mit der KUA-Zahl 6. Unten weist der Tisch Richtung Westen – die optimale Richtung für die KUA-Zahl 6.

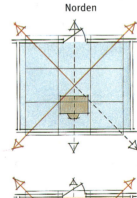

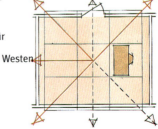

Feng Shui im Büro
Optimierung Ihres Arbeitsbereichs

Schützen Sie sich vor schlechtem Feng Shui

62

Ein unaufgeräumter Schreibtisch verbreitet schlechtes Feng Shui im Büro. Unordnung erzeugt Verwirrung.

Schlechtes Feng Shui beginnt in vielen Büros schon im Eingangsbereich. Hier wird das Feng Shui von außen gestört.

- Wenn sich Ihr Büro am Ende eines langen Flurs befindet, strömt „tödliches Chi" auf Sie ein.
- Wenn die Bürotür gegenüber dem Aufzug liegt, bewirkt das Öffnen und Schließen der Türen eine große Instabilität.
- Eine Treppe direkt gegenüber der Bürotür wirkt auf das Chi negativ. Wenn sich hier zwei Treppen befinden, eine nach oben, die andere nach unten, ist dies ein sicheres Zeichen für Disharmonie und Probleme.

Gegenstände, die in einem Büro schlechtes Feng Shui erzeugen:
- Die scharfe Kante eines Tisches.
- Ein Tisch, auf dem sich Ordner stapeln – große Unordnung verbreitet zu viel Yin-Energie.
- Offene Bücherregale symbolisieren Klingen, die „Tödlichen Atem" ausstrahlen (siehe Tip 28).

Ordnung halten
Ordnung im Haus oder im Büro sollte zu den festen Grundregeln des Alltags gehören, auch in der Feng-Shui-Praxis. Zu viel Unordnung im Büro erschwert den Überblick und verbreitet Disharmonie.

FENG SHUI IM BÜRO

OPTIMIERUNG IHRES ARBEITSBEREICHS

63

Vermeiden Sie „tödliches Chi"

Der „Tödliche Atem" eines Drachen hat im Büro in der Regel nicht so verheerende Folgen wie die massive negative Energie, die von Gebäuden moderner Großstädte ausgehen kann. Trotzdem können scharfe Kanten von Möbeln, Schränken, Aktenschränken oder ähnlichen Gegenständen bei Angestellten Kopfschmerzen und Antriebslosigkeit verursachen. Im schlimmsten Fall lösen sie sogar ernsthafte Krankheiten aus.

Der wirksamste und zugleich ästhetischste Schutz vor diesen Pfeilen sind große Vasen mit Blumen. Allerdings sollten Sie es nicht übertreiben und das Büro in einen Blumenladen verwandeln!

In Büroräumen mit vielen quadratischen Säulen – häufig sind Konferenzzimmer und große, offene Redaktionsbüros so gestaltet – muß man unbedingt „tödliches Chi" vermeiden. Zu diesem Zweck können künstliche Pflanzen aus Seide aufgestellt werden. Sie bilden den Gegenpol zu den scharfen Kanten der Säulen und erfüllen darüber hinaus noch eine weitere Aufgabe: Da sie Wachstum symbolisieren, unterstützen sie auch den geschäftlichen Erfolg. Das Holz-Element findet sich symbolisch in Bäumen und Pflanzen wieder und eignet sich von allen fünf Elementen am besten, um das Feng Shui im Büro positiv zu beeinfussen. Diese künstlichen Pflanzen sollte man jedoch regelmäßig abstauben. Ihre positive Wirkung geht verloren, wenn sie durch Schmutz krank oder welk aussehen.

In den Büroräumen sollten Sie grundsätzlich scharfe, spitz zulaufende, schwere und bedrohlich aussehende Gegenstände vermeiden.

64

Feng Shui für Ihren Sitzplatz

Überprüfen Sie Ihr Arbeitsumfeld kritisch. Betrachten Sie die Zimmerdecke über Ihrem Sitzplatz. Sitzen Sie unter einem freiliegenden Balken? Derartige Konstruktionen können sich nachteilig auf Ihr Befinden auswirken und starke Kopfschmerzen, Migräne, Streß und viel Unglück hervorrufen.

Gibt es rechts oder links von Ihrem Platz womöglich spitze Ecken oder Kanten an Wänden und Möbel, die „Giftige Pfeile" in Ihre Richtung aussenden? Scharfe Kanten „bohren" sich in Sie hinein und verursachen Krankheiten, Streß und Druck. Sie beeinträchtigen Ihre berufliche Entwicklung und verbreiten eine Atmosphäre, in der Ihre Leistungsfähigkeit erheblich sinkt. Sie sollten sofort etwas unternehmen, um sich diesen schlechten Einflüssen zu entziehen.

Die beste und einfachste Methode ist in diesem Fall, den Standort zu wechseln. Um die schlechten Energieströme, die von Deckenbalken ausgehen, abzuleiten, können Sie auch hohle Bambusstangen aufstellen, die mit einem roten Band zusammengebunden sind.

Feng Shui im Büro
Optimierung Ihres Arbeitsbereichs

Verlangsamen Sie den Energiefluß im Raum

Harmonische Formen und günstige Linien

Eckige Formen und unheilvolle Linien

Wenn Sie Ihr Büro oder Ihr Haus nach Feng-Shui-Prinzipien gestalten, denken Sie immer daran, eckige Formen zu vermeiden. Sie sollten entweder entschärft oder ganz aus dem Sichtfeld entfernt werden. Verwenden Sie Gegenstände mit runden Formen und weichen Linien, die den Energiefluß verlangsamen – so kann er seine positiven Energien entfalten.

Feng-Shui-Training für das Auge

Betrachten Sie die auf dieser Seite dargestellten Formen und Linien. Es ist leicht, ein Auge für gute und schlechte Feng-Shui-Formen zu entwickeln. Die Formen des Art Déco sind tendentiell negativ, während die des Jugendstils günstig sind.

Gerade Linien sind problematisch, kreisförmige Formen hingegen bringen Glück. Diese beiden einfachen Regeln aus der sogenannten formalen Schule des Feng Shui sollten Sie beherzigen. Verschiedene Maßnahmen verlangsamen den Energiefluß in Ihrer Umgebung. Mit Pflanzen, Wandschirmen, Vorhängen und anderen „weichen" Materialien, z. B. Stoffen, können Sie die Fließgeschwindigkeit deutlich verringern. Eckige Formen sollte man abrunden, indem man sie mit Stoffen dekoriert oder Topfpflanzen davorstellt. Wenn dies alles nichts nützt, wirken Sie der schneidenden Energie mit einem hellen Licht entgegen.

Orientieren Sie sich bei der Auswahl Ihrer Hilfsmittel am Entstehungs- und Zerstörungskreislauf der Fünf Elemente (siehe Tip 10). Einen Mangel an Feuer-Energie können Sie durch Holz ausgleichen, denn Holz erzeugt Feuer. Wenn jedoch zu viel Feuer-Energie vorhanden ist – in Form von Lichtquellen oder roter Farbe – können Sie dieses Übermaß an Feuer durch das Wasser-Element ausgleichen. Ein blauer Teppich eignet sich hier besonders gut. Wenn Sie auf diese Weise vorgehen, entwickeln Sie rasch ein Verständnis für die Regeln des Feng Shui und können bald eigene Analysen durchführen.

Feng Shui im Büro

OPTIMIERUNG IHRES ARBEITSBEREICHS

66 Achten Sie auf die Sitzordnung

Für Ihren Sitzplatz im Büro gilt das gleiche wie für zuhause: Achten Sie darauf, daß Sie nicht an der Ecke eines Tisches sitzen. Wenn eine scharfe Kante direkt in Ihre Richtung weist, lenkt diese negative Energie auf Sie und beeinträchtigt auf diese Weise Ihr Wohlbefinden erheblich.

Nehmen Sie bei Vorstellungsgesprächen, zum Lernen oder bei einer Besprechung mit Ihrem Chef nie an der Ecke des Tisches Platz. Denn in diesem Fall ist das Glück nicht auf Ihrer Seite, und womöglich können Sie Ihre Ziele nicht durchsetzen.

Wählen Sie Ihren Sitzplatz immer so aus, daß Sie in Ihre günstigste Himmelsrichtung blicken (siehe Tip 2). Ist dies nicht möglich, setzen Sie sich in eine Ihrer anderen günstigen Richtungen.

Sitzplatz bei der Arbeit
Vermeiden Sie es, wie der Mann auf dem Foto unten bei Besprechungen an der Ecke des Tisches zu sitzen. In dieser Position ist ein „Giftiger Pfeil" direkt auf Ihren Magen gerichtet, „bohrt" sich symbolisch in Sie hinein und bewirkt eine für Sie schlechtere Ausgangsposition im Gespräch mit Ihren Kollegen bzw. bei Verhandlungen mit Ihren Geschäftspartnern.

Feng Shui im Büro
Optimierung Ihres Arbeitsbereichs

Wählen Sie die richtige Sitzposition

Verbessern Sie mit Feng Shui Ihr Verhandlungsgeschick. Alles, was Sie hierbei beachten müssen, ist, sich so zu setzen, daß Sie in eine der für Sie günstigen Himmelsrichtungen blicken. Wenn Ihr Verhandlungspartner in einer für ihn ungünstigen Richtung sitzt, haben Sie alle Trümpfe in der Hand. Dies gilt für Vorstellungsgespräche ebenso wie für Geschäftsbesprechungen.

Es gibt immer wieder Situationen, in denen Sie Ihre günstigen Richtungen nicht zweifelsfrei bestimmen können. Verlassen Sie sich dann nicht auf Ihr Rateglück – das macht Sie nur unsicher. Versuchen Sie lieber, folgende Richtlinien der formalen Schule des Feng Shui zu beachten:

- Wählen Sie den Platz, der am weitesten von der Tür entfernt liegt.
- Sitzen Sie nie mit dem Rücken zur Tür. In jeder Verhandlungssituation müssen Sie die Tür sehen können. Sonst könnte es passieren, daß Ihnen jemand in den Rücken fällt, wenn Sie es am wenigsten erwarten.
- Sitzen Sie nicht mit dem Rücken zu einem Fenster, es sei denn, ein großes Gebäude befindet sich auf der gegenüberliegenden Seite. Es könnte sonst sein, daß Ihnen niemand den Rücken stärkt.
- Setzen Sie sich nicht unter einen eckigen und wuchtigen Balken oder sonstige Deckenverzierungen. Stellen Sie Ihren Stuhl lieber um und drehen Sie ihn in eine andere Richtung.
- Suchen Sie sich am besten einen Stuhl mit Armstütze und hoher Rückenlehne aus. Damit verschaffen Sie sich die nötige körperliche Balance.
- Setzen Sie sich nie so, daß Ihre Füße auf die Tür weisen. Dies ist sehr ungünstig.
- Sitzen Sie nie an spitzen oder eckigen Kanten, die direkt auf Sie gerichtet sind. Rücken Sie Ihren Stuhl einfach beiseite.

Versuchen Sie bei Verhandlungen immer, in der für Sie günstigsten Position zu sitzen. Wenn Sie die Richtung nicht feststellen können, sollten Sie auf jeden Fall möglichst weit weg von der Tür sitzen und dieser nie den Rücken zudrehen (oben und links).

Feng Shui im Büro
Ausstattung des Büros nach persönlichen Bedrüfnissen
68 Der ideale Schreibtisch für mehr Erfolg im Beruf

Stellen Sie Ihren Computer immer auf die rechte Seite des Schreibtisches. Links sollte sich in jedem Fall etwas höheres befinden - beispielsweise eine Tischlampe

Blumen
Stellen Sie eine Vase mit frischen Blumen auf die Ostseite Ihres Schreibtisches. Es sollten keine üppigen Sträuße sein, damit der Blick auf den PC-Bildschirm nicht behindert wird. Erneuern Sie die Blumen, sobald die Blätter welken. Blumen erzeugen kostbare Yang-Energie.

Pflanzen
Stellen Sie eine kleine Pflanze in die südöstliche Ecke des Tisches. Dies steigert Ihr Einkommen und Ihre persönlichen Entwicklungsmöglichkeiten.

Kristalle
Legen Sie einen runden Kristall in die südwestliche Ecke des Schreibtisches. Dies fördert die Kollegialität zwischen den Mitarbeitern.

Lampen
Jede Lampe, die Sie in der südlichen Schreibtischecke aufstellen, bringt Ihnen mehr Anerkennung im Beruf. Auf diese Art verschaffen Sie sich in der Firma großes Ansehen.

Rechner und Computer
Stellen Sie alle Bürogegenstände aus Metall auf einen Extratisch. Idealerweise sollte dieser westlich oder nordwestlich vom Schreibtisch stehen. Wenn dies nicht möglich ist, plazieren Sie sie auf Ihrer rechten Seite. Auf die linke Seite stellen Sie dann einen hohen Gegenstand, damit die Energien des Drachens Vorrang haben vor denen des Tigers.

Goldene Regeln
- Der Sitzplatz sollte in Ihre Sheng-Chi-Richtung weisen (siehe Tip 2).
- Lassen Sie den Bereich vor dem Schreibtisch frei.
- Stapel z. B. von Aktenordnern sollten Sie, wenn nötig, immer auf Ihrer linken Seite haben.
- Stellen Sie das Telefon in eine Ecke, die einer Ihrer günstigen Richtungen entspricht.
- Links sollten die „Aufbauten" auf Ihrem Tisch immer höher als rechts sein.

FENG SHUI IM BÜRO

AUSSTATTUNG DES BÜROS NACH PERSÖNLICHEN BEDÜRFNISSEN

Fördern Sie Ihre berufliche Karriere

69

Feng Shui eignet sich besonders gut zur Förderung des beruflichen Erfolgs. Im alten China waren die Hofbeamten sorgsam darauf bedacht, ihr Glück günstig zu beeinflussen. Denn in Zeiten der kaiserlichen Alleinherrschaft konnte Unglück den Tod bedeuten. Dies betraf nicht nur denjenigen Beamten, der für das Unglück verantwortlich gemacht wurde, sondern auch dessen ganze Familie. Die Sicherung der beruflichen Existenz war also eine „todernste" Angelegenheit. Feng Shui wurde deshalb vielfach dazu eingesetzt, um sich vor den Intrigen am kaiserlichen Hof wirksam zu schützen.

Auch in der modernen Arbeitswelt finden sich „Hofintrigen" in Form von Mobbing wieder. Feng Shui ist ein gutes Schutzschild gegen diese Angriffe aus den eigenen Reihen. Es schützt Sie vor Ihren Kollegen, die neidisch auf Ihre Position oder Ihr berufliches Weiterkommen sind. Darüber hinaus verhilft Ihnen Feng Shui dazu, Ihre Karriere optimal voranzutreiben, und bewahrt Sie vor Mißgunst.

Unterstützen Sie hierzu die Energie des Nordens in Ihrem Büro. Dieser Bereich symbolisiert Glück im Berufsleben. Der Norden wird vom K'an-Trigramm beherrscht und steht für das Element Wasser. Im Feng Shui wird das Wasser-Element als großer Glücksbringer verehrt. Dosieren Sie es aber wohlüberlegt. Denn Wasser ist auch gefährlich und bricht schnell alle Grenzen nieder. Wenn Sie zu viel Wasser in Bewegung bringen, wirkt sich das negativ auf Sie aus.

Stellen Sie im Nord-Bereich einen kleinen Gegenstand auf, der sich bewegendes Wasser darstellt. Er symbolisiert Bewegung und positive Yang-Energie.

Sichern Sie sich Rückenstärkung durch einen Berg

70

Sitzen Sie im Büro nie mit dem Rücken zur Tür. Sie laufen sonst Gefahr, Opfer von Intrigen und Betrug zu werden. Wenn sich Ihr Büro in einem mehrstöckigen Gebäudekomplex befindet, sollten Sie auch nicht mit dem Rücken zum Fenster sitzen. Sie riskieren sonst, daß man Ihnen in der Firma nicht genügend den Rücken stärkt.

Hängen Sie an die Wand hinter Ihrem Sitzplatz ein großes Gemälde mit dem Motiv eines Berges. Achten Sie darauf, daß keine Gebirgszüge mit zu spitzen Ecken abgebildet sind, da diese das Feuer-Element symbolisieren. Den optimalen Schutz bietet eine Gebirgskette, die dem Rücken einer Schildkröte ähnlich ist. Wenn Sie vor dem Fenster die Aussicht auf einen Berg haben, drehen Sie ihm beim Sitzen den Rücken zu – er bietet so den besten Schutz. Der Blick auf einen Berg ist selbst dann ungünstig, wenn dies Ihre günstige Sheng-Chi-Richtung ist (siehe Tip 2). Der Berg würde Sie überwältigen.

FENG SHUI IM BÜRO

AUSSTATTUNG DES BÜROS NACH PERSÖNLICHEN BEDÜRFNISSEN

Die Schildkröte als Garant für Ihren Erfolg

Im Feng Shui gilt die Schildkröte seit jeher als Glücksbringer und himmlisches Lebewesen. Jeder profitiert von der symbolischen Präsenz einer Schildkröte. Zugleich ist sie ein Zeichen für langes Leben. Die Schildkröte wacht über den Norden, der für das berufliche Glück verantwortlich ist! Das Büro ist daher ein guter Platz für ein Bild, das eine Schildkröte darstellt.

Wenn es die Größe Ihres Büros erlaubt, sollten Sie eine Wasser- oder Landschildkröte im Nord-Bereich des Raumes halten. Eine einzelne Schildkröte reicht völlig aus. Da 1 die Zahl des Nordens ist, wären zwei Schildkröten sogar von Nachteil. Mit einer Schildkröte spricht man sowohl das Element als auch das himmlische Wesen des Nordens an. Diese Regel ist auch dann gültig, wenn sich der Norden aufgrund der KUA-Formel als eine Ihrer ungünstigen Himmelsrichtungen erwiesen hat (siehe Tip 1). Die Symbolik der Schildkröte hat Vorrang vor allen anderen Auslegungen des Feng Shui.

Die Schildkröte ist ein Reptil, das im Wasser und an Land leben kann. Sie sollten das Tier in einem Aquarium halten. Das notwendige Wissen hierzu sollten Sie sich durch eine fachgerechte Beratung oder Fachliteratur holen. Füttern Sie die Schildkröte bevorzugt mit frischer Nahrung. Schildkröten lieben grünes Blattgemüse. Sie können sie jedoch auch mit Schildkrötenfutter aus der Zoohandlung füttern. Große Futtermengen sind nicht nötig, da Schildkröten mit sehr wenig Nahrung auskommen. Wichtig ist nur, daß Sie das Wasser regelmäßig erneuern. Ein Eimer mit Wasser sollte mindestens drei Stunden in der Sonne stehen, bevor Sie es in das Aquarium füllen. Auf diese Weise wird es mit Yang-Energie angereichert.

Schildkröten sollen Ihrem Besitzer viel Glück bringen.

FENG SHUI IM BÜRO

AUSSTATTUNG DES BÜROS NACH PERSÖNLICHEN BEDÜRFNISSEN

Ein Wassersymbol bringt Ihnen Glück

72

Fördern Sie Ihr berufliches Glück mit dem Symbol des Wassers. Schmücken Sie die gegenüberliegende Wand Ihres Schreibtisches mit einem Gemälde, auf dem Wasser abgebildet ist. Es muß entweder an der Nord-, Ost- oder Südostwand hängen.

Dieser Tip ist jedoch nur dann sinnvoll, wenn Sie in eine der genannten Himmelsrichtungen blicken. Wasser wird im Feng Shui nur vorsichtig eingesetzt. Es kann sehr wirksam sein – jedoch nur, wenn man es auch korrekt anwendet.

Ein Wassermotiv ohne Berge ist besser als eines mit Bergen. Im Vordergrund des Bildes stellen sie eine ernsthafte Bedrohung für Ihre Arbeit dar. Der Einfluß des Wassers kann diese Bedrohung nicht abschwächen. Wenn Sie Wassersymbole einsetzen, sollten diese klein sein, andernfalls sind sie zu dominant.

Das vielleicht beste Symbol für Glück ist ein Bild von einem voll beladenem Segelboot.

Günstige Bilder
Blicken Sie von Ihrem Schreibtisch auf ein stimmungsvolles Foto oder Gemälde mit einem Wassermotiv. Das bringt Ihnen Glück im Berufsleben. Wenn sich Berge auf dem Bild befinden, sollten diese nur im Hintergrund zu sehen sein. Das Segelschiff im Vordergrund ist ebenfalls ein Glückssymbol.

Feng Shui im Büro
Ausstattung des Büros nach persönlichen Bedürfnissen

Der beste Standort für Ihr Telefon

Auch Telefon und Faxgerät können durch gutes Feng Shui beeinflußt werden. Dafür müssen Sie zuerst einmal feststellen, aus welcher Richtung die Energie für das jeweilige elektrische Gerät kommt.

Anschließend gilt es, den richtigen Standort für das Telefon zu finden. Die Nachrichten und Anrufe sollten aus der Sheng-Chi-Richtung, der für Sie günstigsten Richtung, kommen (siehe Tip 2). Entscheidend in diesem Zusammenhang ist die Energiequelle. Gemeint ist jedoch nicht der Wandanschluß, sondern die Position des Anschlußkabels am Telefon. Gute Nachrichten gelangen nur dann zu Ihnen, wenn das Telefon richtig steht.

Ist der Osten Ihre Sheng-Chi-Richtung, muß das Verbindungskabel aus östlicher Richtung zum Telefonapparat führen. Wenn es nicht möglich ist, die Sheng-Chi-Richtung zu nützen, versuchen Sie es mit einer der drei anderen günstigen Richtungen (siehe Tip 2).

Diese Feng-Shui-Methode ist die moderne Interpretation einer alten Regel. Früher wollte man damit sicherstellen, daß Energie immer aus der günstigsten Richtung auf den Betreffenden einströmt. Die Methode läßt sich auf alle Bereiche des Arbeits- und Familienlebens übertragen. Sie müssen dabei nur berücksichtigen, daß die Energiequelle für die positive Beeinflussung entscheidend ist.

Die richtige Position

Wenn die Position des Faxgeräts der Sheng-Chi-Richtung entspricht (rechts), erhöht sich die Chance, positive Nachrichten zu erhalten.

Die Energie tritt aus dieser Richtung in das Gerät ein.

Beim Telefon ist nicht die Position des Wandanschlusses entscheidend. Das Verbindungskabel muß aus Ihrer günstigen Richtung ins Telefon führen.

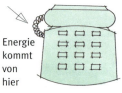

Energie kommt von hier

FENG SHUI IM BÜRO

AUSSTATTUNG DES BÜROS NACH PERSÖNLICHEN BEDÜRFNISSEN

Der Rote Glücksvogel des Südens

Der Süden ist die Richtung des Roten Phönix, einem Symbol der Stärke in der Not. Der Phönix symbolisiert aber auch das Glück günstiger Gelegenheiten. Mit Aktivierung dieses Königs der gefiederten Lebewesen mobilisieren Sie die positiven Energien des Südens. Das Glück dieses besonderen Bereichs erzeugt eine große Helligkeit, da der Süden der Ort des Feuer-Elements ist. Jedes Symbol, das den Roten Phönix darstellt, ist daher sehr günstig.

Leider ist es ziemlich schwierig, ein passendes Bild oder eine Skulptur des berühmten Phönix zu finden. Als Ersatzsymbol kann aber jeder schöne Vogel mit buntem (vorzugsweise rotem) Gefieder benutzt werden. Geeignet sind im besonderen ein Hahn, ein Pfau, aber auch Kraniche und Flamingos – die geschätzt werden als Symbolvögel für ein langes Leben.

Ein Symbol für Erfolg

Es gibt sehr schöne Keramik- oder Kristallskulpturen von Vögeln zu kaufen, die Sie im südlichen Bereich des Büros auf einen Tisch oder in eine Vitrine stellen können. Von ihnen geht eine sehr günstige Wirkung aus. Nicht nur Ihr Ansehen wird sich im Laufe der Zeit verbessern, auch Ihre berufliche Leistung wird anerkannt und von Erfolg gekrönt sein.

In Hongkong stellte ich einen wundervollen, vergoldeten Phönix aus Kristall in der Südecke meines Büros auf. Er sollte meinem Geschäft zu einem erfolgreichen neuen Ansehen verhelfen, und tatsächlich, das Feng Shui des Phönix sorgte auf wunderbare Weise dafür, daß mein Geschäft florierte!

Eine Darstellung eines fliegenden Phönix (rechts) im Süd-Bereich des Raums bringt positive Energien in Ihr Büro. Auch Gemälde oder Skulpturen anderer schöner Vögel – beispielsweise Flamingos oder Papageien (oben) – eignen sich zur Aktivierung dieses Bereichs.

Das Bild eines kreisenden Adlers symbolisiert ebenfalls Erfolg. Er repräsentiert darüber hinaus Stärke, Macht und Kraft. Der Adler sollte jedoch entweder im Flug oder auf einem Baum sitzend dargestellt sein. Achten Sie beim Kauf auf die Augen des Tieres – ein Adler mit dem bösen Blick eines Raubtiers kann sich negativ auswirken.

Feng Shui im Büro

Ausstattung des Büros nach persönlichen Bedürfnissen

Die Zahl 8 und andere Glückszahlen

Die 8 gilt in China als eine der besonderen Glückszahlen. Deshalb wünschen sich viele Chinesen diese Zahl auf ihrem Nummernschild.

Zahlen haben im Feng Shui eine wichtige Bedeutung für den beruflichen und geschäftlichen Erfolg. Es gibt persönliche Glücks- und Unglückszahlen. Chinesische Geschäftsleute achten deshalb genau auf die Zahlen der Telefonnummer, Adresse oder Autokennzeichen. Ungünstige Zahlen werden im Geschäftsleben gemieden.

Die Zahl 8 steht für Wohlstand

Für die meisten Chinesen ist die Zahl 8 eine Glückszahl. Eine mögliche Erklärung dafür ist, daß sich der Klang des chinesischen Wortes anhört wie „Wachstum mit Wohlstand". (Ein Großteil der Feng-Shui-Symbolik gründet sich auf den Wortklang des Symbols.) In Hongkong gibt es reiche Geschäftsleute, die gerne und viel für das Privileg zahlen, nur die Zahl 8 auf dem Nummernschild ihres Autos zu haben.

Auch bei Telefonnummern, Kreditkarten und Bankkonten glaubt man an diese positive Wirkung, wenn die letzte Ziffer eine 8 ist. Sie soll in finanzieller Hinsicht Glück bringen. Wenn vor der 8, eine 6, 7, 8 oder 9 steht, soll sich das Glück sogar verdoppeln.

Glückszahlen

Außer der Zahl 8 gelten 1, 6 und 9 als Glückszahlen. Wenn eine 4 vor einer dieser Zahlen steht, wird diese Ihr Glück noch steigern. Die Zahl 9 hat einen besonders hohen Stellenwert. Sie stellt die Fülle des Himmels und der Erde dar. Eine weitere Glückszahl ist 7. Dem chinesischen Kalender zufolge befinden wir uns gegenwärtig in der Epoche der Sieben, die noch bis zum Jahr 2003 andauert. Die Zahl 13 wird nicht als Unglückszahl angesehen, statt dessen 14.

Unglückszahlen

In China ist die größte Unglückszahl die 4. Ausschlaggebend ist hierfür der Klang des Wortes, der sich wie „Tod" anhört. Deshalb versucht man Zahlenreihen, die mit 4 enden, zu vermeiden. Die Unglückszahlen, die aus den Feng-Shui-Regeln des Fliegenden Sterns hervorgehen, sind die Zahlenkombinationen aus 5 und 2 sowie aus den Zahlen 2 und 3. Trotzdem halten manche Leute 2 für eine gute Zahl, die Einfachheit symbolisiert.

Feng Shui im Büro
Ausstattung des Büros nach persönlichen Bedürfnissen

Vermeiden Sie extreme Sonneneinstrahlung

Das harmonische Gleichgewicht der Yin- und Yang-Energien darf bei allen anderen Maßnahmen in Büros nicht vernachlässigt werden. Für eine gute Atmosphäre im Büro ist Yang-Energie sehr wichtig.

Andererseits kann ein Übermaß an Yang-Energie katastrophale Auswirkungen haben. Extrem viel Yang-Energie dringt beispielsweise in Form von starkem Sonnenlicht in Büroräume ein, insbesondere wenn sich die Räume auf der Westseite eines Gebäudes befinden. Helligkeit und Wärme der Nachmittagssonne können vor allem während der Sommermonate ein Übermaß an Feuer-Energie erzeugen. Die aufgestaute Wärme kann zu Spannungen innerhalb des Büros führen. Ungeduldige und reizbare Mitarbeiter sind die Folge. Wenn sich Ihr Büro auf einer Sonnenseite befindet, sollten Sie sich vor den unangenehmen Folgen schützen.

Das Licht aussperren

Die intensiven Strahlen der Nachmittagssonne halten Sie am besten mit schweren Vorhängen ab. Die Nachmittagssonne kann unter Umständen so grell und warm sein, daß Sie sich völlig erschöpft fühlen. Die wirksamste Maßnahme gegen zu viel Yang-Energie ist das Wasser-Element. Blaue Vorhänge sind deshalb ideal, weil die Farbe das Wasser-Element symbolisiert. Auch weiße Vorhänge sind geeignet, da das Element Metall dem Westen zugeordnet ist und Weiß dieses Element symbolisiert. Obwohl das Feuer-Element Metall verbrennt und somit auch über Weiß dominiert, schützen dicke weiße Vorhänge trotzdem vor zu viel Licht. Probieren Sie es einfach aus. Sie werden feststellen, daß Ihre Kollegen weniger reizbar sind.

Aufhängen von Kristallen

Grelles Sonnenlicht kann auch durch geschliffene Kristalle eingefangen werden. In ihnen bricht sich das Licht, und es entstehen wundervolle Regenbogenfarben.

Mit dieser Methode versucht man, die positiven Energien der Sonne nutzbar zu machen. Dies ist vor allem für Regionen interessant, in denen die Sonne nicht sehr häufig scheint.

Wenn Sie in einem sonnendurchfluteten Büro arbeiten, können in den Räumen leicht Spannungen und Nervosität entstehen. Schützen Sie sich vor der Sonne mit dichten Vorhängen.

FENG SHUI IM BÜRO

AUSSTATTUNG DES BÜROS NACH PERSÖNLICHEN BEDÜRFNISSEN

Farben steigern Ihr Glück

Schwarz

Schwarz symbolisiert das Element Wasser und Weiß die Elemente Gold oder Metall. Obwohl es keine Hierarchie der Farben gibt, ist bei der Verwendung von Schwarz Zurückhaltung angebracht. Zimmerdecken oder Dächer sollten nie in dieser Farbe gestrichen werden. Schwarze Decken erwecken leicht den Eindruck einer dunklen und bedrückenden Atmosphäre. Schwarz über dem Kopf vermittelt den Eindruck von Gefahr. Darüber hinaus sind schwarze Wände, Vorhänge und Teppiche fürs Büro äußerst ungeeignet und sollten vermieden werden.

Weiß

Weiß ist dagegen eine ideale Wand- und Deckenfarbe. Im Gegensatz zu Schwarz ist Weiß eine Yang-Farbe (Schwarz ist Yin) und symbolisiert Wohlstand. Dunkle Weißtöne gelten jedoch auch als Trauerfarbe. Dunkles Weiß ist Yin, helles leuchtendes Weiß ist Yang und hat positive Energie.

Der schwarzweiße Knoten ist ein positives Symbol. Er hat keinen Anfang und kein Ende. Im Büro kann man ihn als Dekoration verwenden.

Reines Weiß ist eine gute Wand- und Deckenfarbe fürs Büro. Rot, Grün und Blau sollten in der entsprechenden Kompaßrichtung verwendet werden.

Rot

Rot ist die Farbe des Südens. Streichen Sie die Südwand Ihres Büros in einem warmen rötlichen Farbton – das bringt Glück. Helles, sanftes Pfirsichrot eignet sich für den Süden und den Westen. Es zähmt symbolisch den Tiger im Westen. Sie können die Feng-Shui-Farbenlehre bei allen Einrichtungsgegenständen anwenden, bei Tapeten, Vorhängen, Teppichen und allen gepolsterten Möbelstücken.

Grün

Grün ist die Farbe des Geldes. Dies gilt insbesondere für den Südosten. Sie wirkt sich aber auch im Osten positiv aus. Die Kombination unterschiedlicher Grüntöne ist ratsam. Helles Grün symbolisiert das Wachstum im Frühling und eignet sich daher besonders zur Aktivierung des beruflichen Erfolgs. Auch künstliche Seidenbäume mit hellen grünen Blättern können diese positive Wirkung ausstrahlen. Möglicherweise werden Sie mit Grün an der richtigen Stelle sogar Ihr Einkommen steigern können.

Blau

Blau ist die Farbe des Wassers. Machen Sie sich die günstige Wirkung dieses Elements im Ost-, Südost- oder Nord-Bereich Ihres Büros zunutze. Doch Vorsicht – setzen Sie Blau nur wohlüberlegt ein, da Wasser nie in zu großer Menge aktiviert werden darf! Ein Zuviel schadet.

FENG SHUI IM BÜRO

AUSSTATTUNG DES BÜROS NACH PERSÖNLICHEN BEDÜRFNISSEN

Feng-Shui-Maße für Stühle und Tische

78

Ich erinnere mich noch gut an das Jahr, in dem ich mir einen Tisch nach Feng-Shui-Maßen anfertigen ließ. Es wurde das erfolgreichste Jahr meiner beruflichen Karriere. Heute schreibe ich meine Bücher an einem Tisch mit genau den gleichen Abmessungen. Ich möchte dieses Geheimnis mit Ihnen teilen und hoffe, Sie haben ähnlich viel Erfolg.

Der ideale Stuhl

Die Rückenlehne Ihres Bürostuhls sollte ziemlich hoch sein. Symbolisch wird Ihnen damit der Rücken gestärkt. Stühle mit zu niedrigen Lehnen haben ein schlechtes Feng Shui. Die Stühle unten könnten besser sein, wenn die Lehnen etwas höher wären.

Ihr Bürostuhl sollte unbedingt Armlehnen haben. Fehlen die Armlehnen, fehlt auch die nötige Unterstützung des Drachens und des Tigers. Das Ergebnis ist auch hier ein schlechtes Feng Shui. Die ideale Höhe der Rückenlehne ist 109 cm. Dies bringt Ihnen Glück bei Geschäften.

Ein perfekter Tisch

Ihr Schreibtisch sollte möglichst den Feng-Shui-Maßen entsprechen (siehe rechts und unten). Stühle mit hoher Rückenlehne und Armstützen sichern Ihnen die Unterstützung des Drachens und des Tigers.

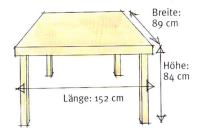

Breite: 89 cm
Höhe: 84 cm
Länge: 152 cm

FENG SHUI IM BÜRO
POSITIVE UND NEGATIVE GEGENSTÄNDE

79 So verbessern Sie Ihre Geschäftsbeziehungen

Dekoratives Feng Shui gründet sich auf das Konzept des Wu Xing oder die Fünf Elemente. Der Nordwesten ist demzufolge der Bereich des großen Metalls. Auf den Arbeitsbereich übertragen heißt das: Im Nordwestteil des Raums sollten alle wertvollen Gegenstände sowie die Symbole für Reichtum und Wohlstand aufbewahrt werden. Der Nordwesten ist der beste Standort für den Safe. In Ihrem eigenen Büro könnten Sie in diesen Bereich Ihr wichtigstes Metall-Möbelstück stellen; dies kann ein Computer, aber auch ein Kopierer sein.

Der Nordwest-Bereich hat den größten Einfluß auf Ihre Geschäftsbeziehungen. Wenn der Nordwesten richtig aktiviert ist und das Gleichgewicht zwischen Yin und Yang stimmt, werden sich alle Ihre beruflichen Pläne und Ziele leicht in die Tat umsetzen lassen. Die Zusammenarbeit mit Ihren Geschäftspartnern wird reibungslos verlaufen.

Benutzen Sie zur Bestimmung des Nordwest-Bereichs einen Kompaß. Wenn Sie über den Grundrißplan Ihres Büros das Lo-Shu- oder Pa-Kua-Quadrat (siehe Tip 16) legen, können Sie den Nordwest-Sektor einfach bestimmen.

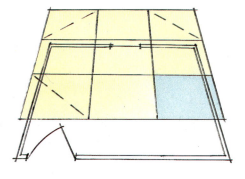

Legen Sie zur Bestimmung des Nordwestens das Lo-Shu- oder Pa-Kua-Quadrat über den Grundrißplan Ihres Büros. Die Aktivierung dieses Bereichs erleichtert Geschäftsvorhaben.

80 Ein „Geldeimer" bringt Reichtum

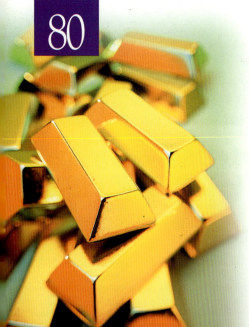

Benutzen Sie einen Eimer mit Münzen, um damit die Metall-Energie des Nordwestens zu aktivieren. Füllen Sie einen dekorativen Metallbehälter mit Münzen und stellen Sie ihn in einen Schrank im Nordwest-Bereich des Büros. Lassen Sie den Behälter nicht offen stehen.

Ein künstlicher Goldbarren im Nordwesten symbolisiert ebenfalls Reichtum. Die Chinesen legen während des Mondneujahrs zahllose dieser falschen Goldstücke aus – in der Hoffnung, daß das künstliche Gold das echte anziehen werde. Dekoratives Feng Shui hat einen starken Symbolcharakter. Besonders während des Neujahrs werden viele dekorative Gegenstände im Haus aufgestellt.

Verteilen Sie im Nordwest-Bereich des Büros viele Goldimitate. Sie spiegeln die metallischen Energien wider.

FENG SHUI IM BÜRO
POSITIVE UND NEGATIVE GEGENSTÄNDE

Pflanzen im Südosten steigern Ihren Profit

In vielen Büroräumen sieht man Pflanzen oder Blumen stehen. Auch wenn man sich nicht mit Feng Shui beschäftigt, umgibt man sich in seinen Zimmern gern mit Pflanzen. Der Grund hierfür ist ganz einfach: Man fühlt sich dann wohler. Wenn man Feng Shui kennt, weiß man um den starken Einfluß von Pflanzen auf das eigene Wohlbefinden.

Pflanzen entfalten im Südost-Bereich eines Büros eine besonders starke Wirkung. Dabei spielt es keine Rolle, ob Sie zur westlichen oder östlichen Gruppe gehören (siehe Tip 1). Jeder Mensch kann die Energien des Südostens aktivieren und wird dafür mit Reichtum belohnt. Das Kennzeichen dieses Bereichs ist Kleines Holz, das wertvoller ist als Großes. Pflanzen und grüne Farbe repräsentieren Kleines Holz.

Günstige Pflanzen wählen

Künstliche Pflanzen sind genauso gut wie echte. In jedem Fall sind letztere aber die bessere Alternative zu den heute so beliebten Trockenblumen. Verwenden Sie vorzugsweise Ficus-Arten mit breiten, abgerundeten Blättern.

Pflanzen mit Dornen sind sehr ungünstig. Kakteen haben ein besonders schlechtes Feng Shui. Freunde von mir wurden immer wieder von Schicksalsschlägen heimgesucht, bis sich herausstellte, daß sie kleine Kakteen auf ihren Fenstersims gestellt hatten. Kakteen senden kleine, negative Energiepfeile aus, die nach einiger Zeit Unglück hervorrufen. Nachdem meine Freunde die Kakteen entfernt hatten, ging es ihnen spürbar besser.

Wenn Sie im Südwest-Bereich des Büros ein Eichensymbol (oben) – am besten mit Eicheln – aufstellen, ist Ihnen Erfolg und Gewinn sicher.

Stellen Sie nie Kakteen ins Büro. Ihre Stacheln senden negative Energie aus. Kakteen sind am besten im Garten aufgehoben (rechts).

FENG SHUI IM BÜRO
POSITIVE UND NEGATIVE GEGENSTÄNDE

Münzen und Glocken sind gut fürs Geschäft

Glöckchen am Außenknauf der Bürotür, mit einem roten Band befestigt, ziehen Glück und Wohlstand an.

Wenn man im Feng Shui Münzen und Glöckchen benützt, sollte man sie immer mit einem roten Band oder Garn zusammenbinden. Dadurch verstärkt sich ihre symbolische Wirkung. Man kann einfache Kupfermünzen verwenden oder noch besser alte chinesische Münzen mit einem rechteckigen Loch in der Mitte.

Münzen auf der Innenseite der Tür

Münzen sollte man an die Innenseite der Bürotür hängen. Sie symbolisieren, daß Ihr Haus bereits mit Wohlstand gesegnet ist. Hängen die Münzen dagegen an der Außenseite der Tür, gilt dies als Vorhersage für zukünftigen Wohlstand. Das Resultat ist dasselbe, egal ob Sie Hunderte von Münzen aufhängen das Motto „je mehr um so besser" gilt im Feng Shui nicht. Drei Münzen aufzuhängen reicht also als Symbol völlig aus. Fünf Münzen sollten Sie allerdings vermeiden. Die Zahl Fünf hat hier keine günstige Wirkung.

Glöckchen an der Außenseite der Tür

Einige Glöckchen an der Außentüre aufgehängt, ziehen positive Chi-Energie an. Ihr Klingeln kündigt symbolisch zukünftigen Wohlstand und gute Neuigkeiten an. Glöckchen an der Außenseite der Bürotür sind insbesondere in Groß- und Einzelhandelsunternehmen ein sehr gutes Feng-Shui-Zeichen.

Auch hier gilt: Viele Glocken steigern nicht die Wirkung! Nehmen Sie kleine Glöckchen aus Metall für Haupttüren, die nach Westen, Nordwesten oder Norden weisen. Für nach Osten und Südosten ausgerichtete Türen sind Keramik- oder Kristallglöckchen besser. Das gleiche gilt für Süd-, Südwest- und Nordosttüren. Dadurch entsteht eine harmonische und somit positive Energie.

FENG SHUI IM BÜRO
POSITIVE UND NEGATIVE GEGENSTÄNDE

Wählen Sie die richtige Türform

Wählen Sie Ihre Tür so, daß sie mit der Richtung harmoniert, in die sie weist.

Wenn die Haupteingangstür nach Osten oder Südosten ausgerichtet ist, kommt Tür A (unten) in Frage. Die rechteckige Kassettierung nimmt das Holz-Element, das dem Osten und Südosten zugeordnet ist, in die Gestaltung der Tür wieder auf. Es eignet sich auch für eine Türe im Süden, da Holz im Entstehungskreislauf das Element Feuer erzeugt (siehe Tip 10).

Die günstigste Tür

Für Haupteingangstüren mit westlicher oder nordwestlicher Ausrichtung ist das Metall-Element am besten geeignet (Beispielsweise Tür D). Runde Formen kennzeichnen das Metall-Element. Deshalb befindet sich bei vielen alten chinesischen Familienhäusern sogenannte Mondtore an der Westseite des Gartens.

Zum Norden passen wellige, geschwungene Formen. Dadurch wird das Wasser-Element am besten symbolisiert. Geschwungene Formen sind auch ein günstiges Dekor für Türen mit östlicher und südöstlicher Ausrichtung – beispielsweise unten Tür C.

Feuer-Formen sind ideal für Türen im Süden. Die spitzen Dreiecke (Tür E) wehren schlechte Einflüsse wirksam ab. Wer darüber hinaus im Jahr des Feuers geboren ist, profitiert von dieser Türgestaltung sogar auf doppelte Weise.

Die quadratischen Kassetten in Tür B eignen sich gut für den Nordosten und Südwesten.

Türformen und ihre Symbolik

    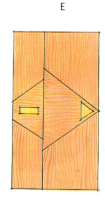

Tür mit Holz-Element   Tür mit Erde-Element   Tür mit Wasser-Element   Tür mit Metall-Element   Tür mit Feuer-Element

Feng Shui im Büro
Positive und negative Gegenstände

Die Bedeutung von Fenstern

Fenster haben im Feng Shui zwar nicht den gleichen Stellenwert wie Türen, trotzdem sind einige Hinweise hierzu sinnvoll. Gutes Feng Shui hängt bei Fenstern von der Form und der Anzahl der Fenster ab. Entscheidend ist hierbei, welches der Elemente und welche Farben damit verbunden werden. Durch Ihre Bürofenster tritt Energie in den Raum ein und wieder aus. Die ein- und ausströmende Energiemenge ist jedoch geringer als bei Türen. Dessen ungeachtet steigern nach Feng-Shui-Prinzipien gestaltete Fenster das Wohlbefinden im Büro.

Nach Feng-Shui-Gesichtspunkten sollten sich Bürofenster nach außen öffnen lassen. Mit dieser Geste sollen die positiven Energien der Außenwelt empfangen werden. Schiebefenster wirken sich auf das Feng Shui nicht auf eine spezielle Weise aus und werden deshalb auch hier vernachlässigt. Das Wichtigste ist allerdings, daß sich die Fenster nicht negativ auf Ihr Büro auswirken. Hierzu einige Hinweise:

- Zu viele Fenster im Büro sind ungünstig. Ein Verhältnis von drei Fenstern pro Tür ist ausreichend.
- Es sollte sich nicht in jeder Wand ein Fenster befinden. Idealerweise sind nur in zwei Wänden Fenster vorhanden. Zu viele Fenster führen zu Vermögens- und Einkommensverlusten.
- Fenster sollten nicht direkt gegenüber der Eingangstür eingebaut sein. Der Chi-Strom fließt ansonsten zu schnell durch den Raum und wieder hinaus. Diese ungünstige Wirkung erzielt man auch durch einen Spiegel direkt gegenüber der Vordertür des Hauses.
- Damit die Fenster mit der Ausrichtung des jeweiligen Raumes harmonieren, verwenden Sie bei der Gestaltung der Fenster Ihres Büros die den fünf Elementen zugeordneten Formen.

Dieses Büro ist von einer Fensterfront umgeben. Zu viele Fenster erzeugen schlechtes Feng Shui und führen zu Vermögens- und Einkommensverlusten.

Feng Shui im Büro
Positive und negative Gegenstände

Der Feng-Shui-Fisch bringt Ihnen Glück

In Malaysia, Singapur und Thailand schätzt man die magischen Kräfte eines Fisches, des Arowana. Hier ist dieser tropische Süßwasserfisch beheimatet. Er ist der Feng-Shui-Fisch schlechthin. Reiche Geschäftsleute zahlen Tausende von Dollar für ein ausgewachsenes Exemplar. Diese Fischart hat silbrige Schuppen, die rötlich schimmern. Sie gelten als wirkungsvolle Glücksomen. Arowanas gibt es auch in Europa zu kaufen. Ausgewachsen erreichen Sie eine Länge von über 80 cm.

Arowanas gelten als Glücksfische.

Eine persönliche Erfahrung

1987 richtete ich ein großes Aquarium in meinem Wohnzimmer ein. Damals gestaltete ich mein Leben neu, weil ich mehr Zeit mit meiner Tochter Jennifer verbringen wollte. Allerdings hatte ich nicht genügend Geld, um mich aus dem Berufsleben zurückziehen zu können. Ich besann mich auf Feng Shui und kaufte in einer Zoohandlung in Hongkong fünf Arowanas.

Als ich sie kaufte, waren sie 25 cm, nach achtzehn Monaten bereits 46 cm lang. Zeitgleich konnte ich meine finanziellen Pläne erfolgreich verwirklichen. Ich hatte genug Geld verdient, um mit der Arbeit aufzuhören, und kehrte nach Malaysia zurück.

Interessenten boten mir 300.000 Hongkong-Dollar für die Fische. Doch ich ließ sie lieber frei. Jeder Fisch kreiste vor meinen Augen drei Mal, bevor er endgültig in die Tiefe des Wassers abtauchte!

Die Haltung von Arowanas

Geschäftsleute halten Arowanas oft in riesigen Aquarien in ihrem Büro. Normalerweise schwimmt darin nur ein einziger Fisch. Es ist nicht nötig, das Aquarium mit Wasserpflanzen und Sand zu dekorieren. Wenn Sie Trockenfutter verwenden, sollten Sie nur das beste kaufen. Denn wenn der Fisch nicht gesund ist, bringt er ihnen nicht den gewünschten Reichtum. Stellen Sie das Aquarium im Norden, Osten oder Südosten des Büros auf. Es sollte groß genug, aber nicht überdimensioniert sein!

FENG SHUI IM BÜRO

POSITIVE UND NEGATIVE GEGENSTÄNDE

Kunstobjekte mit positiver Energie für Ihr Büro

Bilder mit Fischen, beispielsweise mit Karpfen (rechts), bringen gute Feng-Shui-Energien ins Büro.

In Firmenbüros habe ich die schönsten und auch die schrecklichsten Kunstobjekte meines Lebens gesehen. Einige Feng-Shui-Grundregeln sollen Ihnen bei der Auswahl geeigneter Kunstwerke fürs Büro helfen:

• Abstrakte Objekte mit eckigen Formen und grellen Farben sind ungünstig. Kunstwerke, die dem Metall-Element zugeordnet sind, können schädlich sein, wenn sie an einer Ost- oder Südostwand hängen (siehe Tip 10).

• Bilder oder andere Kunstgegenstände sollten nicht die Vergänglichkeit des Lebens thematisieren. Dies könnte negative Schwingungen erzeugen, die ein Unglück bewirken. Porträts von Königen oder Firmengründern hängen am besten an einer Wand im Nordwesten. In diesem Bereich entfalten sie die meiste Kraft und aktivieren das Glück des herrlichen Ch'ien-Trigramms.

• Landschaftsbilder sind fürs Büro am besten geeignet. Naturbilder strahlen ein gutes Feng Shui aus. Die Faustregel lautet: Hängen Sie ein Bild mit einem Berg auf die Rückseite des Schreibtisches und ein Bild mit Wasser an die gegenüberliegende. Ein Teppich mit Blumenmotiven wirkt ebenfalls sehr positiv. Er sollte direkt vor Ihrem Schreibtisch liegen, damit das Motiv Ihnen ein Gefühl von Weite und Großzügigkeit im Raum vermittelt.

• Auch ein Stilleben mit Blumen oder Früchten verbreitet gutes Feng Shui. Es sollten jedoch keine Pfingstrosen oder andere Blumen sein, deren Sinnbild die Romantik ist. Bilder mit Früchten wirken am besten an Ostwänden.

• Bilder mit Fischen bringen ein wundervolles Feng Shui in den Raum. Darstellungen von wilden Tieren sind dagegen nur mit Vorsicht zu enpfehlen. Abbildungen von Raubkatzen – Tiger, Leoparden und Löwen – können manchmal Probleme auslösen.

FENG SHUI IM BÜRO
POSITIVE UND NEGATIVE GEGENSTÄNDE

87 Schutz vor Einbrechern

Wenn Sie Angst haben, Ihr Büro könnte nicht einbruchssicher genug sein, greifen Sie einfach auf eine alte Feng-Shui-Methode zurück: Ungebetene Besucher und andere Unruhestifter hält man sich vom Leib, indem man einen Besen mit den Borsten nach oben vor die Eingangstür stellt. Eines sollten Sie dabei beachten: Der Besen fegt jeden weg – auch Firmenkunden. Stellen Sie ihn besser nur außerhalb der offiziellen Bürozeiten vor die Tür – also abends und an den Wochenenden.

Halten Sie ungebetene Besucher durch einen umgedrehten Besen von Ihrem Büro fern. Der Besen darf jedoch nur außerhalb der Öffnungszeiten vor der Tür stehen.

88 Räumen Sie Ihre Putzgeräte auf

Alle Putzutensilien – wie Besen und Schrubber – symbolisieren Unglück und müssen deshalb aus dem Blickfeld entfernt werden. Dies gilt insbesondere für den Eingangsbereich. Ein Besen in der Nähe des Foyers vertreibt Ihre Kunden und zugleich Ihr berufliches Glück.

Im Feng Shui gelten Besen als Fluch. Räumen Sie alle Putzutensilien in einen Besenschrank oder Stauraum. Ähnliches gilt für den Papierkorb. Am besten, Sie stellen ihn an eine Stelle, an der Sie ihn nicht sehen. Ein guter Platz wäre beispielsweise unter dem Tisch, damit der Blick sowohl vom Eingang als auch von der Bürotüre nicht sofort auf ihn fällt.

Papierkörbe sollten nicht im Blickfeld stehen. Sie sind „Glücksräuber".

FENG SHUI IM BERUF
VERBESSERUNG IHRER ERFOLGSAUSSICHTEN

Nehmen Sie Ihre Karriere selbst in die Hand

Wenn Sie in Ihrem Beruf Erfolg haben wollen, können Sie dies mit Feng Shui beeinflussen. Ein gutes Feng Shui wirkt sich auf eine vielfältige Weise aus. Sie werden z. B. schnell feststellen, daß man Ihnen mehr Aufgaben übertragen wird. Sie dürfen sich aber nicht von der Situation überrollen lassen, sondern sollten lieber die Chancen nutzen, die sich Ihnen bieten. Es ist wichtig, sich dies bereits im Vorfeld bewußt zu machen. Menschen mit großem Arbeitseifer können von einer Aktivierung Ihrer beruflichen Laufbahn enorm profitieren, und Ihr hoher Arbeitseinsatz fängt an, sich auszuzahlen. Die Vorgesetzten werden auf Sie aufmerksam werden und Sie mit mehr Verantwortung betrauen: Beste Aussichten für einen Karrieresprung.

Als ich begann, meine berufliche Karriere voranzutreiben, entwickelten sich die Dinge so schnell, daß ich mich zuerst überrollt fühlte. Machen Sie sich also auf Überraschungen gefaßt, wenn Sie mit Hilfe von Feng Shui gezielt an Ihre Karriereplanung herangehen.

Den Norden mit Energie stärken

Der Norden ist in Ihrem persönlichen Umfeld der Bereich der Karriere und des Erfolgs. Um den größten Nutzen hieraus zu ziehen, sollten Sie mit Hilfe von Feng Shui die Energie des Nord-Bereichs Ihres Heims und Ihres Büros gezielt verstärken.

Falls Ihr Schlafzimmer im Norden liegt, ergreifen Sie besser keine energieverstärkenden Maßnahmen. Aktivieren Sie stattdessen den Norden Ihres Wohnzimmers. Sollte sich die Toilette im Norden befinden, wirkt sich dies ungünstig auf Ihre Karrierepläne aus. Der Toilettendeckel sollte immer geschlossen sein. Der negativen Energie kann man hier auch mit einem großen runden Stein im Raum entgegenwirken. Er unterdrückt das schlechte Chi (oder die negative Energie).

Gute Yang-Energie erzeugt man in der Nordecke des Wohnzimmers und des Büros z. B. mit einem Aquarium.

Rasche Lösung
Wenn sich Ihr Karriere-Bereich im Badezimmer befindet, kann man die negative Energie der Toilette mit großen Steinen reduzieren, die man auf dem Boden verteilt.

Feng Shui im Beruf
Verbesserung Ihrer Erfolgsaussichten

Mehr Erfolg durch Feng-Shui-Türen

90

Ihr Karriere-Glück läßt sich deutlich verbessern, wenn die Bürotür nach Feng-Shui-Richtlinien gestaltet ist. Natürlich kann man nicht immer alles genauso umsetzen. Trotzdem sollte man einige Dinge beachten:

- Es sollten keine negativen Energien auf die Tür wirken. Dazu zählen insbesondere spitze Ecken, lange Flure, hervorstehende Balken, Ecken und scharfkantige Pfeiler.
- Versuchen Sie, daß sich die Tür in einem Bereich des Zimmers befindet, der für Sie günstig ist. Wenn die Tür nicht in Ihre günstigste Himmelsrichtung zeigt, sollten Sie wenigstens darauf achten, daß die schlechteste Richtung vermieden wird. Hierauf sollten Sie auf jeden Fall achten (siehe Tip 1 und 2).
- Verzichten Sie auf Glaseinsätze. Helles, lichtdurchlässiges Glas ist schädlicher als Milchglas, doch beides sollten Sie vermeiden. Wählen Sie eine Türgestaltung, die mit dem Element des Bereichs harmoniert, in dem sich die Türe befindet (siehe Tip 10). Wenn Sie möchten, können Sie die Tür farbig gestalten.
- Geeignete Farben sind Braun für den Osten und Südosten; Weiß für den Westen und Nordwesten; Kastanienbraun für den Süden; Schwarz für den Norden und Beige für den Südwesten und Nordosten.

Türen mit gutem Feng Shui

- Schiebetüren sind für das Büro oder Ihr Arbeitszimmer ungünstig. Um ein gutes Feng Shui zu erzielen, sollten sich Türen immer nach innen öffnen.
- Türen sollten eine gewisse Stabilität und Stärke haben, damit sie eine günstige Energie ausstrahlen. Sie sollten breit genug sein, um sich nicht hindurchzwängen zu müssen.
- Wählen Sie den Standort der Tür so aus, daß diese in eine für Sie günstige Himmelsrichtung zeigt. Die Gestaltung sollte im übrigen zu dem Element der Himmelsrichtung passen. Falls Sie die Tür farbig gestalten, achten Sie bitte auch auf die zum Element passende Farbe.

Unten:
Die Tür Ihres Büros sollte sich nach innen öffnen. Vermeiden Sie Türen mit Glaselementen.

Feng Shui im Beruf
Verbesserung Ihrer Erfolgsaussichten

91 Wählen Sie Ihre „Power-Position"

Der energiereichste Platz in einem Büro liegt diagonal gegenüber der Eingangstür. Stellen Sie Ihren Schreibtisch hier auf, um von der Energie zu profitieren. Folgende Positionen sind dafür am besten geeignet:

- Sitzen Sie nie mit dem Rücken zur Tür, denn dies würde bedeuten, daß Ihnen wichtige Vorgänge im Büro entgehen. Darüber hinaus könnten Menschen, die für Sie arbeiten, Sie hintergehen.
- Sitzen Sie mit dem Rücken zur Wand. Vermeiden Sie es, Ihren Stuhl vor einem Fenster aufzustellen.
- Wählen Sie den Sitzplatz so, daß vor Ihnen mehr Raum bleibt als hinter Ihnen. Wenn möglich, sollten mindestens 30 cm Freiraum vor Ihrem Schreibtisch bleiben.
- Wählen Sie den Sitzplatz so, daß sich die Fenster entweder links oder Ihnen gegenüber befinden.

Um die Energie des Nordens (des Karriere-Bereichs) zu aktivieren, ist es unbedingt nötig, die Himmelsrichtungen korrekt zu bestimmen. Es lohnt sich also, einen guten Kompaß zu kaufen. Stellen Sie sich in die Mitte Ihres Büros und notieren Sie, in welche Richtung die Nadel zeigt. Teilen Sie anschließend den Fußboden Ihres Büroraums in neun gleich große Gitterfelder auf, um die verschiedenen Bereiche zu markieren. Auf diese Weise läßt sich mühelos feststellen, wo genau der Nord-Bereich liegt.

Guter Sitzplatz
Der energiereichste Platz ist diagonal gegenüber der Bürotür. Dieser Bereich verspricht die größten Erfolgsaussichten für Ihre berufliche Karriere.

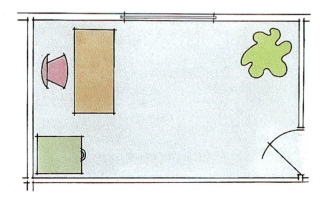

Feng Shui im Beruf
Verbesserung Ihrer Erfolgsaussichten
Plazieren Sie Ihren Schreibtisch richtig

Positionieren Sie einen rechteckigen Schreibtisch diagonal gegenüber Ihrer Bürotür. Wählen Sie den Sitzplatz gemäß Ihrer günstigen Himmelsrichtungen (siehe Tip 2). Achten Sie jedoch darauf, daß Sie auf die Tür blicken. Wenn sich ein Deckenbalken oberhalb des Arbeitsplatzes befindet, sollten Sie Ihren Arbeitsplatz etwas verrücken. Schreibtische in L- oder U-Form haben ungünstige Eigenschaften und sind nicht zu empfehlen.

Sehr gute Energien haben Schreibtische aus Holz. Viele Leute bevorzugen auch Schreibtische mit Glasplatten. Dies ist in Ordnung, solange Sie der westlichen Gruppe zugehören. Für Personen der östlichen Gruppe sind Glasoberflächen ungeeignet (siehe Tip 1).

Schreibtische mit kunstvollen Schnitzereien weisen sehr günstige Eigenschaften auf. Rosenholz mit Drachenschnitzereien soll besonders vorteilhaft sein. Ich würde unbedingt zu einem solchen Schreibtisch raten, weil er Erfolg verspricht und Wohlstand symbolisiert. Schreibtische mit Perlmutteinlagen gelten ebenfalls als besonders günstig.

Schreibtische mit günstigen Energien

Nach Feng-Shui-Regeln gelten U- und L-förmige Schreibtische als ungünstig. Besser ist es, an einem rechteckigen Schreibtisch zu sitzen. Noch besser sind Tische mit geschnitzten Glückssymbolen – beispielsweise einem Drachen. Sie stehen für Erfolg im Beruf.

FENG SHUI IM BERUF
VERBESSERUNG IHRER ERFOLGSAUSSICHTEN

93 Die besten Himmelsrichtungen für Ihre Reise

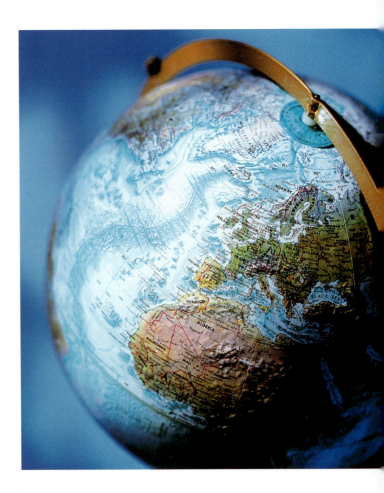

Betrachten Sie den Globus. Wenn Sie eine Geschäftsreise planen, sollten Sie besonders die Richtung beachten, in die Sie fliegen oder fahren. Zur Bestimmung des Reise-Feng-Shui benötigen Sie nun Ihre persönliche KUA-Zahl. Das beste Feng Shui für Privat- und Geschäftsreisen erreichen Sie nur, wenn Sie von einer Ihrer günstigen Himmelsrichtungen aus die Reise antreten. Dies ist wichtig und wird oft mißverstanden. Es kommt also auf die Richtung des Ortes an, von dem aus man startet, und nicht auf die Richtung, in die man reist. Diese Auslegung ist entscheidend, und sogar Feng-Shui-Lehrer haben diesen Unterschied über viele Jahre falsch gedeutet, bis man schließlich die alten klassischen Texte neu überprüfte.

Wenn Sie sich auf Reisen begeben, die Sie rund um den Globus führen, versuchen Sie mit Hilfe Ihrer KUA-Zahl herauszufinden, ob die geplante Richtung für Sie vorteilhaft ist.

Sorgfältige Planung

Wenn Sie der östlichen Gruppe zugehören, ist es vorteilhafter für Sie, Richtung Westen zu reisen. Sie starten von Osten und haben das Glück auf Ihrer Seite, wohin die Reise auch führt. Sind Sie aus der westlichen Gruppe, gilt das Gegenteil. In diesem Fall ist es vorteilhafter für Sie, von Westen in Richtung Osten zu starten.

Sie leben beispielsweise in England und gehören zu einem östlichen Charakter und müssen eine Geschäftsreise nach Hongkong machen. Ihre Reise wird nicht von Feng-Shui-Glück begleitet sein, sofern Sie von Nordwesten aus starten, da dies eine für Sie ungünstige Himmelsrichtung ist. Für einen westlichen Charakter ist diese Reiserichtung dagegen geeignet.

Diesen Aspekt sollten Sie auch auf Reisen innerhalb eines Landes oder innerhalb einer Stadt berücksichtigen. Wenn Sie jeden Tag aus einer ungünstigen Richtung zur Arbeit fahren, sollten Sie in Ihrem eigenen Interesse Ihre persönliche Feng-Shui-Strecke noch einmal überprüfen.

FENG SHUI IM BERUF

VERBESSERUNG IHRER ERFOLGSAUSSICHTEN

Mehr Anerkennung durch Feng Shui

Nichts ist einer Karriere förderlicher als Glück. Glück ist, einen Vorgesetzten zu haben, der mit Ihnen und Ihrer Arbeit zufrieden ist und Sie protegiert. Diese Form von Glück wird oftmals folgendermaßen definiert: „Zur richtigen Zeit am richtigen Ort sein."

Feng Shui kann hier wahre Wunder wirken. Und wenn Sie immer wieder lobende Anerkennung für Ihre Arbeit erhalten, sind das die wahrlich erhebenden Momente im Berufsalltag.

Lassen Sie sich also durch Feng Shui helfen, mehr berufliche Anerkennung zu erlangen. Denken Sie daran, daß es nicht genügt, hart zu arbeiten und clever zu sein. Fast jeder Mensch hat besondere Fähigkeiten, und viele strengen sich in ihrem Beruf an, ohne die entsprechende Anerkennung für ihre Leistung zu erhalten. Erst wenn Sie als erfolgreich wahrgenommen werden, wird man Ihre Anstrengungen durch Beförderung, ein höheres Einkommen und mehr Verantwortung belohnen. Aber für all dies benötigen Sie ein Quentchen Glück – Feng Shui verhilft Ihnen in vielen Fällen zu diesem Glück.

Verwenden Sie Kristalle

Ich hatte in meinem Büro einen großen, rechteckigen Kristall auf meinem Schreibtisch liegen. Seine rechteckige Form repräsentierte das Holz-Element. Die Form harmonierte darüber hinaus mit dem Himmlischen Drachen des Ostens, dem ebenfalls das Holz-Element zugeordnet ist.

Ich stellte den Kristall auf die linke Seite des Schreibtisches und benutzte ihn als Briefbeschwerer. Die Energien aus dem Erde-Element des Kristalls und dem Holz-Element der Form, das Wachstum bedeutet, waren meinen beruflichen Plänen überaus zuträglich.

Hilfreiche Kristalle

Als Dekorationselement auf dem Schreibtisch kann ein klarer Quarzkristall (rechts) dazu beitragen, die berufliche Karriere zu fördern. Am besten verwenden Sie ein Stück, dessen Form mit einem für Sie günstigen Element harmoniert.

Feng Shui im Beruf
Verbesserung Ihrer Erfolgsaussichten

Das Feng Shui Ihrer Aktenordner

Beschränken Sie hierbei Ihre Feng-Shui-Maßnahmen auf die wirklich wichtigen Geschäftsunterlagen wie zum Beispiel Geschäftsberichte. Aber vor allem Dokumente Ihrer Kapitalanlagen sollten von positiver Energie umgeben sein. Dadurch wird Ihr beruflicher Erfolg gefördert.

Was Sie dazu brauchen, sind chinesische Münzen mit einem quadratischen Loch in der Mitte. Binden Sie drei Stück mit einem roten Band oder einem roten Faden zusammen. Die Yang-Seite der Münzen muß sich oben befinden. Die Yang-Seite hat vier statt zwei Schriftzeichen. Kleben Sie die Münzen anschließend mit reißfestem Tesaband auf die Deckel und überprüfen Sie von Zeit zu Zeit, ob die Münzen noch fest sitzen.

Schützen Sie das Feng Shui Ihrer Ordner

- Ordner mit wichtigem Inhalt sollten nie auf dem Boden liegen. Die Gefahr, daß man eventuell auf sie tritt, ist zu groß. Nehmen Sie sich diesen Tip zu Herzen. Wenn Sie auf die Ordner treten oder über sie stolpern, entsteht dadurch eine negative Energie, die das Feng-Shui-Glück der Arbeit beeinträchtigt.
- Wichtige Ordner sollten nie unter dem Tisch verstaut werden. Dies hat negative Auswirkungen.
- Das gleiche gilt für Treppenaufgänge. Auch dürfen keine Aktenschränke unter Treppen stehen.
- Sie sollten Ordner nie in der Nähe einer Toilette aufbewahren; somit auch nicht an einer Wand, auf deren Rückseite sich eine Toilette befindet.

Ihre Geschäftsprojekte werden erfolgreicher verlaufen, wenn Sie alle Unterlagen, die Sie hierfür benötigen, mit der positiven Energie chinesischer Münzen beeinflussen.

FENG SHUI IM BERUF
VERBESSERUNG IHRER ERFOLGSAUSSICHTEN

Vermeiden Sie Unglück durch die Fünf Gelben

Sie sollten jedes Jahr darauf achten, wo die Fünf Gelben Ihre Flugbahnen ziehen. Denn dieser Aspekt des Feng Shui spielt eine wesentliche Rolle, wenn Sie beruflichen Erfolg und Wohlstand anstreben. Die Fünf Gelben bringen Unglück in Form von finanziellen Verlusten und Krankheit.

Die Tabelle unten zeigt ihre Einflußbereiche im Verlauf der nächsten zwölf Jahre. Hier wird deutlich, daß sich das betroffene Gebiet jedes Jahr ändert. Sie sind gut beraten, wenn Sie sich zu Beginn jedes Mondneujahrs darüber informieren.

Der Süden wird im Jahr 1999 negativ beeinflußt. Aus diesem Grund muß man besonders darauf achten, vom südlichen Teil des Büros Unglück abzuwenden. Die beste Absicherung vor negativen Einflüssen stellt ein Windspiel aus Metall dar. Es blockiert die Wirkung der Fünf Gelben.

Wo man Windspiele am besten aufhängt

Ein Windspiel, das für diesen Zweck bestimmt ist, sollte fünf massive Stäbe haben. So lenken die Stäbe den Chi-Fluß nicht nach oben und klingen darüber hinaus melodiöser. Hängen Sie 1999 das Windspiel im südlichen Teil des Büros auf, um sich vor schlechten Energien abzusichern.

Es ist ideal, wenn sich der Einflußbereich der Fünf Gelben im Bereich der Toilette oder in der Küche befindet. Wenn sich die Toilette im Süden befindet, hat sie die schlechte Wirkung bereits geschwächt. Die Gefahr durch die Fünf Gelben ist daher bereits reduziert. Wenn Sie sichergehen wollen, können Sie zusätzlich ein Windspiel aufhängen.

Der Einflußbereich der Fünf Gelben

Jahr	Bereich der Fünf Gelben
1999	Süden
2000	Norden
2001	Südwesten
2002	Westen
2003	Südosten
2004	Mitte
2005	Nordwesten
2006	Westen
2007	Nordosten
2008	Süden
2009	Südwesten

Ein Windspiel aus Metall (möglichst mit fünf massiven Stäben), das im Einflußbereich der Fünf Gelben (siehe Tabelle) aufgehängt wird, vermindert das Unglück. Die Richtung der Fünf Gelben ändert sich jährlich.

Feng Shui im Beruf
Verbesserung Ihrer Erfolgsaussichten

Was Ihre Unterschrift über Sie aussagt

Der Schwung der Unterschrift gibt über Ihre beruflichen und finanziellen Perspektiven Auskunft. Erfolg werden Sie haben, wenn die Unterschrift mit einer starken Linie nach oben beginnt und mit einem nach oben gezogenen Schwung endet. Achten Sie auf die Unterschrift erfolgreicher Menschen. Trainieren Sie eine neue Unterschrift, bis die erfolgversprechenden Schwünge gelingen.

Unterschrift A
Unter Feng-Shui-Gesichtspunkten ist diese Unterschrift die vorteilhafteste. Beachten Sie den nach oben führenden Anfangs- und Endschwung. Eine Unterschrift wie diese weist auf einen guten Anfang und auf ein gutes Ende aller beruflichen oder geschäftlichen Pläne hin.

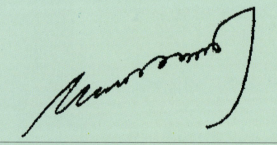

Unterschrift B
Diese Unterschrift ist nur in Teilbereichen günstig. Die Anfangslinie ist zwar klar nach oben gezogen, doch der Endschwung führt ebenso deutlich nach unten. Unterschriften, die mit einem rückwärts gerichteten Schwung enden, sind nicht vorteilhaft. Sie weisen auf ein trauriges Ende hin.

Unterschrift C
Ein weiteres Beispiel einer Unterschrift, deren Feng Shui ausgezeichnet ist. Auch hier sind der Anfangs- und Endschwung nach oben gerichtet. Ein auslaufender Schwung gilt als Teil der Unterschrift. Sie fördern daher Ihr Glück, wenn Sie eine deutliche Linie nach oben ziehen.

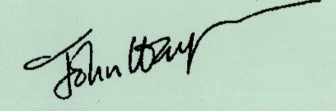

Unterschrift D
Diese Unterschrift ist durch eine fast unmerkliche Abwärtstendenz am Ende gekennzeichnet. Sie ist deshalb nicht vorteilhaft. Wenn Sie eine ähnliche Unterschrift haben, versuchen Sie, den Schriftzug mit einem nach oben gerichteten Schwung auslaufen zu lassen.

Feng Shui im Beruf
Verbesserung Ihrer Erfolgsaussichten

Verschenken Sie keine Uhren

98

Für Chinesen ist es unheilbringend, wenn sie eine Uhr geschenkt bekommen. Tatsächlich ist eine Uhr als Geburtstagsgeschenk für eine ältere Person wie eine Kränkung. Grund dafür ist, daß Uhren alle negativen Aspekte von Zeit symbolisieren.

Uhren sind der Inbegriff von Vergänglichkeit. Sie stehen somit im Gegensatz zu allen Symbolen, die Langlebigkeit darstellen, und gelten deshalb im Büro als extrem ungünstige Objekte.

Vor Jahren hätte ich in Hongkong beinahe eine alte Uhr für mein Büro gekauft, weil mir die Antiquität gut gefiel. Ein Freund und Feng-Shui-Experte riet mir eindringlich vom Kauf ab. Er sagte, es sei sehr schlecht fürs Geschäft.

Chinesen interpretieren Uhren als unheilbringende Geschenke. Falls Sie eine Uhr geschenkt bekommen, überreichen Sie im Gegenzug sofort eine Münze, um schlechte Auswirkungen zu verhindern.

Uhren als Geschenk

Er erzählte mir, daß während der Qing-Dynastie ausländische Besucher dem chinesischen Hof mit wertvollen europäischen Uhren als Geschenk ihre Hochachtung erwiesen. Feng-Shui-Meister sind überzeugt, daß diese Uhren für den Untergang der chinesischen Qing-Dynastie verantwortlich waren. Denn alle jungen Prinzen starben! Tatsächlich habe ich Räume in der Verbotenen Stadt besichtigt, in denen diese juwelenbesetzten Uhren ausgestellt sind.

Falls man Ihnen eine Uhr schenkt, sollten Sie dem Schenkenden sofort eine Münze überreichen, um die negative Wirkung aufzuheben. Diese Geste symbolisiert, daß Sie das Geschenk „gekauft" haben. Dabei spielt es keine Rolle, von wem es stammt. Wenn Eltern ihren Kindern eine Uhr schenken, ist dies, soweit man mir sagte, kein Problem, doch auf keinen Fall sollte es umgekehrt sein.

Geschenke von jüngeren an ältere Menschen sollten generell Symbole darstellen, die für ein langes Leben stehen, beispielsweise Pfirsiche und Bambus, Kraniche oder Rehe. Ein traditionelles und gerngesehenes Geschenk unter Chinesen für ein älteres Familienmitglied ist zum Beispiel ein Bild einer imposanten Bambusstaude oder eine Statue desjenigen Gottes, der ein langes Leben symbolisiert.

Feng Shui im Beruf

Gepflegtes Äußeres

Wählen Sie die richtige Kleidung

99

Arbeiten Sie aus den verschiedenen, den Elementen zugeordneten Formen diejenigen heraus, die Ihrer Kua-Zahl am meisten Glück bringen (siehe unten), und kaufen Sie die entsprechende Kleidung. Probieren Sie auch einmal verschiedene Variationen aus.

Ihr ganz persönliches Feng Shui wird bestimmt durch die Elemente, die Ihrem Geburtsdatum zugeordnet sind. Die chinesische Astrologie kennt acht astrologische Eigenschaften jedes Menschen, die nach dem Paht-Chee-Diagramm ermittelt werden. Zur Feststellung Ihrer positiven Elemente sind die KUA-Zahlen (siehe Tip 1) aber mindestens genauso geeignet wie die ziemlich komplizierte Paht-Chee-Methode. In der Tabelle unten finden Sie dann die Form, die Ihnen Glück bringt. Orientieren Sie sich bei der Wahl Ihrer Kleidung an diesen Formen:

- Streifen eignen sich für Menschen, deren günstige Formen rechteckig sind und für das Element Holz stehen.
- Dreiecke und A-förmige Kleider eignen sich für Menschen mit dem Feuer-Element.
- Quadratische Formen kennzeichnen das Erde-Element.
- Runde Formen und Kreise sind dem Metall-Element zugeordnet.
- Geschwungene Formen repräsentieren das Wasser-Element.

Auch Ihre Körperform beeinflußt Ihr persönliches Feng Shui. Meist verändert sich diese im Laufe des Lebens. Kleiden Sie sich also auch gemäß Ihrer Körpergestalt. Bestimmen Sie zuerst Ihre optimale Form, und wählen Sie danach die Kleidung gemäß dem Entstehungskreislauf der Elemente aus (siehe Tip 10). Wenn Sie eine dreieckige Figur haben, beispielsweise schmale Schultern und breite Hüften, dann sind rechteckige Formen für Sie ideal, weil Holz (Rechteck) Feuer (Dreieck) erzeugt.

Formen der Fünf Elemente

Ihre KUA-Zahl	1	2	3	4	5	6	7	8	9
Ihre Erfolgsform	▮	■	▲	W	■	●	●	■	▮
Ihre Gesundheitsform	▮	●	W	▲	●	■	■	●	▮
Ihre Liebesform	▲	●	▮	▮	●	■	■	●	W
Ihre attraktive Form	W	■	▮	▮	■	●	●	■	▲

Zeichenerklärung
▮ Streifen   ■ Quadrat   ● Kreis   ▲ A-Form   W Gewellt

Feng Shui im Beruf
Gepflegtes Äußeres

Achten Sie auf den Ausgleich der Elemente

100

Sie erreichen ein gutes Feng Shui in bezug auf Ihr äußeres Erscheinungsbild, wenn Sie Formen und Farben so miteinander kombinierten, daß die Elemente in einem harmonischen Gleichgewicht sind. In den Beispielen auf dieser Seite werden sowohl günstige als auch ungünstige Kombinationsmöglichkeiten (siehe Tip 10) dargestellt.

- Langes gewelltes Haar erinnert an die Wellen des Wassers. Sind Sie zudem groß und haben eine schlanke Figur, entsteht eine ideale Kombination der Elemente Wasser und Holz – eine sehr vorteilhafte Verbindung, weil sich die Elemente harmonisch ergänzen.
- Langes gewelltes Haar (Wasser-Element) kombiniert mit blauer, purpurroter oder schwarzer Kleidung verstärkt das Element Wasser zu sehr. Diese unausgeglichene Kombination hat kein gutes Feng Shui.
- Sind Sie eher klein und gedrungen und tragen auch noch gerade geschnittene Kleidung, wird das Erde-Element aufgrund des quadratischen Gesamteindrucks zu sehr betont. Einen Ausgleich schafft man mit Weiß (Metall), weil die Kombination von Erde und Metall vorteilhaft wirkt.

Für gutes Feng Shui sollten Sie immer auf die harmonische und ausgewogene Kombination der Elemente achten. Ein Blick in den Spiegel genügt meist zur Kontrolle. Drei Dinge sollten Sie hierbei nicht aus den Augen verlieren: die Form der Frisur, den Schnitt der Kleidung sowie Farben und Muster der Kleidung.

Ein runder Haarschnitt bei einem ovalen Gesicht ist nicht ideal. Metall über Feuer ist eine ungünstige Kombination.

Gesichtsformen und Frisur

- Ein runder Haarschnitt zu einer rechteckigen Gesichtsform bedeutet Metall über Holz – eine Kombination, von der abzuraten ist.
- Ein runder Haarschnitt zu einem ovalen oder herzförmigen Gesicht bedeutet Metall über Feuer – eine ebenso ungünstige Kombination.
- Ein runder Haarschnitt zu einem quadratischen Gesicht repräsentiert Metall über Erde – eine wesentlich bessere Kombination.

Feng Shui im Beruf
Gepflegtes Äußeres

101 Die richtige Kombination der Elemente hilft Ihnen

Vermeiden Sie stets, daß die Elemente Sie negativ beeinflussen. Sie werden über Ihre KUA-Zahl vielleicht herausgefunden haben, daß beispielsweise das Holz-Element (rechteckig, grün) im Prinzip gut für Sie ist, aber unter besonderen Bedingungen eine ungünstige Wirkung ausübt. Bei Widersprüchen dieser Art sollten Sie sich auf Ihre Intuition verlassen. Mit der Zeit werden Sie lernen, welche Farben positiv auf Sie wirken, und mit welchem Haarschnitt und mit welcher Kleidung Sie sich wohl fühlen.

Persönliches Feng Shui

Ich selbst bin ein Holz-Mensch, weil mein Geburtsjahr diesem Element zugeordnet ist. Die Farbe Grün ist für mich daher besonders vorteilhaft. Theoretisch wäre Rot also keine gute Farbe für mich, da das Feuer-Element das Holz-Element verbrennt. Doch da ich im Januar zur Welt kam, gehöre ich zum Winter-Holz und brauche daher Wärme. Ich fand heraus, daß ich immer, wenn ich einen Energieschub brauchte, nur nach roten Kleidern zu greifen brauchte. Das war intuitiv richtig. Mit Rot blühte ich auf und bekam mehr Schwung. Abgesehen davon, daß Rot eine Yang-Farbe ist, ergänzt dieser Farbton meine persönliche Feng-Shui-Farbpalette geradezu ideal.

Probieren geht über studieren

Machen Sie selbst einmal eine Analyse Ihrer Elemente. Überprüfen Sie zuerst, welche Farben für Sie ungünstig sind (siehe Tip 11). Sollte beispielsweise Gelb für Sie ungeeignet sein (leuchtendes Gelb ist dem Feuer-Element zugeordnet; helles, blasses Gelb dem Erde-Element), experimentieren Sie trotzdem auch mit anderen Farben und beobachten Sie, was Ihnen der Tag bringt. Probieren Sie das gleiche mit Mustern, Formen und Ihrer Frisur.

Häufig ist die Kombination von Farben, Formen und Mustern entscheidend. Diese kann insgesamt stimmig sein, auch wenn einzelne Elemente für sich genommen negativ sind.

Oben: Sie sollten wissen, welche Farben und Elemente miteinander harmonieren, um eine optimale Kombination Ihrer Kleidung zu erreichen.

Feng Shui im Beruf
Gepflegtes Äußeres

Ihre idealen Muster- und Farbkombinationen

102

Streifen:
- sind sehr gut, in allen Rot- und Kastanienbrauntönen
- sind sehr unvorteilhaft in Metallic-Farbtönen oder in Weiß
- sind sehr gut, wenn der Untergrund blau oder schwarz ist
- ebenfalls gut sind weiße Streifen auf blauem Untergrund
- schlecht sind weiße Streifen auf Gold oder Silber
- schlecht sind grüne Streifen auf Dunkelgrün, da das Holz-Element dann zu sehr betont wird
- sehr gut sind grüne Streifen auf schwarzem oder blauem Grund
- grüne Streifen auf Rot bedeuten Erfolg

Wellenlinien:
- harmonieren mit Blau- und Grüntönen
- wirken sehr gut auf Weiß
- beißen sich mit leuchtenden Rot- und Orangetönen
- lassen sich gut mit Punkten und Kreisen kombinieren
- passen zu rechteckigen Formen

Punkte:
- wirken am besten mit Gold, Silber und Weiß
- sind vorteilhaft auf beige- oder erdfarbenem Untergrund

Zickzack-Linien:
- passen gut zu Orange-, Beige- und Brauntönen
- wirken sehr vorteilhaft auf grünem oder braunem Untergrund

Quadrate und Karos:
- passen sehr gut zu Rot und Gelb
- passen gut zu Weiß und Metallic-Farbtönen
- sind sehr ungünstig auf blauem oder schwarzem Grund
- passen nicht zu Kombinationen mit Grün- und Blautönen

Symbolik der Elemente

Für das persönliche Feng Shui spielen Gestalt und Kleidung eine große Rolle. Der Anzug, das Hemd und die Krawatte des Mannes (rechts) repräsentieren verschiedene Elemente. Überprüfen Sie, ob bei Ihrer Kleidung ein Element überwiegt, oder ob sich die Kombination negativ auswirken könnte.

FENG SHUI IM BERUF
GEPFLEGTES ÄUSSERES

103

Negative Energie durch falsche Kleidung

Schmutzige und abgetragene Kleidung beeinflußt das persönliche Feng Shui außerordentlich negativ. Viele jüngere Menschen finden löchrige Jeans oder ausgewaschene Kleidungsstücke „cool". Doch bei älteren Menschen, wie bei mir, stößt dieser Kleidungsstil auf Ablehnung. Warum? Einfach weil damit ein sehr schlechtes Feng Shui erzeugt wird. Wenn Sie sich wie ein Bettler kleiden, werden Sie bald einer sein!

Nachlässige Kleidung zieht Armut und schlechte Energien an, die Unglück oder Pech mit sich bringen. Mein Neffe und meine Nichte trugen früher Jeans mit Löchern... und sie waren tatsächlich vom Pech verfolgt! Seit sie ihren Kleidungsstil geändert haben, hat ihr Schicksal eine Wende zum Positiven genommen.

Selbst wenn Sie abends nicht ausgehen oder Ihren Arbeitsplatz zuhause haben, sollten Sie nie schlampige Kleidung tragen. Wenn Sie Ihren Tag beginnen, sollten Sie nicht aussehen, als hätten Sie noch immer den Pyjama an!

Nehmen Sie die kleine Mühe auf sich, in anständige Kleidung zu schlüpfen, Make-up aufzulegen und bereit zu sein für das, was der kommende Tag Ihnen wohl alles Gutes bringt!

Steigerung der Yang-Energie
Schlechte Kleidung erzeugt schlechte Energie. Nachlässige Kleidung raubt Ihnen Yang-Energie und macht sich durch Antriebsschwäche bemerkbar. Vermeiden Sie formlose, für jede Figur unvorteilhafte Hausanzüge!

104

Lassen Sie die Wäsche nie über Nacht hängen

Hängen Sie Ihre Wäsche niemals über Nacht ins Freie. Sie nimmt dadurch zu viel Yin-Energie auf.

Solange ich denken kann, war es ein Tabu, Wäsche über Nacht im Freien hängen zu lassen. Früher erzählte man sich, daß Kleider, die nachts draußen bleiben, die Energie umherwandernder Geister anziehen. Ihre schlechten Energien bleiben an den Kleidern haften und übertragen sich auf den Träger.

Doch auch Feng-Shui-Lehrer warnen davor, Kleider und Wäsche nach dem Dunkelwerden im Freien hängen zu lassen. Ihre Begründung klingt jedoch einleuchtender. Kleider nehmen über Nacht zu viel Yin-Energie auf. Die gleiche Gefahr besteht natürlich auch bei anderen Wäschestücken, beispielsweise Laken und Decken.

Aus diesem Grund sollte man Wäsche auch nicht in dunklen, fensterlosen Räumen zum Trocknen aufhängen. Nutzen Sie besser das helle und warme Sonnenlicht. Dadurch nimmt die Kleidung positive Yang-Energien auf, statt die passiven Yin-Energien der Dunkelheit.

Ein gepflegtes Äußeres für gutes Feng Shui

Gepflegte Kleidung bedeutet nicht, daß man sich nur nach der neuesten Mode kleiden oder ausschließlich Designer-Kleidung tragen muß. Unter einem gepflegten Äußeren versteht man vielmehr ein ausgeglichenes, harmonisches Erscheinungsbild. Es bedeutet, daß man ordentliche und saubere Kleider trägt. Alle Tips für eine harmonische Inneneinrichtung kann man gleichermaßen auf das äußere Erscheinungsbild übertragen. Ebenso wie ein gutes Raum-Feng-Shui für Ausgeglichenheit und Harmonie sorgt, erzeugt auch ein harmonisches Äußeres eine positive Wirkung. Im folgenden zwei wichtige Feng-Shui-Tips hierzu:

- Juwelenbesetzte Schmuckstücke sind hervorragende und sehr harmonische Feng-Shui-Kombinationen. Dabei spielt es keine Rolle, ob der Schmuck echt ist oder nur täuschend echt aussieht. Denn die Mischung der Elemente Erde (Steine) und Metall (Gold, Platin und Silber) spiegelt den Entstehungskreislauf der Elemente wider.
- Von Schmuck im allgemeinen und Goldschmuck im besonderen, vor allem wenn er mit wertvollen Steinen (Diamanten, Rubine, Saphire und Smaragde) besetzt ist, geht ein hervorragendes Feng Shui aus. Hüten Sie sich jedoch vor Übertreibungen. Ansonsten entsteht ein Ungleichgewicht der Elemente, das sich schädlich auswirkt. Dies ist besonders schlecht für Menschen, die im Frühling und in Holz-Jahren geboren wurden. Auf diese Menschen wirkt sich zuviel Gold negativ aus!

Goldschmuck, der mit wertvollen Steinen besetzt ist, erzeugt ein sehr gutes Feng Shui. Die Edelsteine stellen das Erde-Element, Gold das Metall-Element dar. Wenn man zu viel Schmuck trägt, entsteht jedoch ein Ungleichgewicht.

Man sagt, etwas molligere Menschen haben eine glückliche Zukunft vor sich. Eine zu dünne Figur gilt in China als ein sicheres Zeichen für Unglück. Wer dagegen ein bißchen füllig ist, gilt als gesund und gutaussehend. Reiche Chinesinnen, die die Stellung der ersten Ehefrau einnehmen (tai tais genannt), sind normalerweise etwas rundlich. Kurtisanen und Konkubinen sind dagegen sehr schlank. Ähnlich verhält es sich bei den Männern. Reiche Chinesen haben eine etwas füllige Figur, die als erstrebenswertes Zeichen ihres Wohlstands betrachtet wird.

FENG SHUI IM BERUF
GEPFLEGTES ÄUßERES

Wählen Sie die richtigen Accessoires

Accessoires runden das positive Gesamtbild Ihrer gesamten äußeren Erscheinung auf ideale Weise ab.

Handtaschen

Frauen können sich bei der Auswahl ihrer Handtasche Feng-Shui-Wissen zunutze machen. Berücksichtigen Sie dabei die beiden Standard-Richtlinien – Form und Farbe –, um die Elemente-Kombination der Tasche zu überprüfen. Auf diese Weise können Sie feststellen, ob von der Tasche gute oder schlechte Feng-Shui-Energie ausgeht. Rechteckige Taschen in Braun-, Schwarz- und Grüntönen verbreiten positive Energie. Ferner haben quadratische Taschen in Beige-, Kastanienbraun-, Rot- und Gelbtönen und runde Taschen in Weiß und Beige gutes Feng Shui.

Knöpfe

Knöpfe sind normalerweise rund. Wenn Sie aus Metall sind, stellen sie ein starkes Metall-Element dar. Solche Knöpfe sind ideal für Frauen, die gerne Grün und Braun tragen. Runde Plastikknöpfe sind grundsätzlich harmonisch.

Hüte und Mützen

Kopfbedeckungen bedeuten Schutz und haben deshalb im allgemeinen ein gutes Feng Shui. Doch sollten sie nicht blau oder schwarz sein. Diese beiden Farben symbolisieren das Wasser-Element, was nach den Feng-Shui-Regeln für den Kopf sehr ungünstig sein soll. Wasser über dem Berg ist eines der vier Gefahrenzeichen des I Ging. Anerkannte Feng-Shui-Meister deuten dies als Gefahr durch Wasser auf dem Kopf (einer Person) und auf dem Dach (eines Besitzes).

Krawatten und Schals

Bei diesen Accessoires haben nur Farben und Muster eine Bedeutung für das Feng Shui. Nehmen Sie in diesem Fall die Richtlinien über Farben zu Hilfe, um die passenden Krawatten und Schals auszusuchen.

Wählen Sie Ihre Accessoires immer nach Feng-Shui-Regeln aus. Die Frau rechts trägt beispielsweise eine vorteilhafte, schwarze, rechteckige Handtasche. Als Kopfbedeckung sollte sie jedoch keine schwarze Mütze aufsetzen, da sich Schwarz auf dem Kopf negativ auswirken kann.

Feng Shui im Beruf
Gepflegtes Äußeres

Beachten Sie beim Schminken bestimmte Regeln

Chinesische Mütter glauben fest daran, in Gesichtern lesen zu können. Sie zögern daher auch, ihre Söhne mit einer Frau zu verheiraten, in deren Gesicht sich Unglück für den Ehemann abzeichnet. Gesichter, die Unglück symbolisieren, werden folgendermaßen beschrieben:

- Hagere Gesichter mit eingefallenen Wangenknochen werden normalerweise als negativ abgelehnt.
- Gesichter mit zu breitem Kinn, das dem Gesicht einen eckigen Ausdruck gibt, sind ungünstig. Frauen mit quadratisch geformten Kinnbacken wird nachgesagt, sie würden ihre Ehemänner „verschlingen". Das heißt, diese werden früh – aber auf jeden Fall lange vor der Ehefrau sterben. Früher hatten es solche Frauen schwer, sich mit einem Ehemann aus gutem Haus zu verheiraten.
- Gesichter mit engstehenden Augen gelten als Armutsgesichter. Frauen mit dieser Gesichtsform sollen eine unbeschwerte Jugend, aber ein entbehrungsreiches Alter haben.
- Dicke Augenbrauen werden als ausgesprochen negatives Merkmal angesehen. Schmale und wohlgeformte Augenbrauen entsprechen eher dem Idealgesicht als buschige Brauen. Sie sollten deshalb regelmäßig gekürzt und gezupft werden.

In China betrachtet man dicke Augenbrauen als äußerst negatives Zeichen. Besser ist es daher, diese regelmäßig zu kürzen und zu zupfen, damit sie schmal und schön geformt bleiben.

Ausgewogenheit durch Make-up

Im Feng Shui ist entscheidend, was man wahrnimmt und sieht. Aus diesem Grund ist es möglich, mit Make-up jene Gesichtszüge zu korrigieren, die als ungünstiges Feng Shui wirken.

- Sorgen Sie zuerst dafür, daß Ihr Gesicht ausgeglichen wirkt. Legen Sie weniger Augenmerk auf hohe Wangenknochen, die in der westlichen Welt zum Schönheitsideal gehören. Denn eingefallene Wangen gelten als schlechtes Feng Shui. Die Backen sollten voll und gesund aussehen.
- Die Lippen müssen schmal, aber voll sein.
- Die Nase sollte hoch, rund und fleischig sein. Je fleischiger, um so mehr Wohlstand erlangen Sie!
- Das Kinn sollte groß sein. Ein wenig ausgeprägtes Kinn deutet auf ein kurzes Leben hin.

Feng Shui im Beruf
Gepflegtes Äußeres

108 Beachten Sie beim Toilettentisch einige Regeln

Der beste Platz für den Toilettentisch ist der Süden, Südwesten oder Nordosten des Schlafzimmers – helles Licht sorgt für gute Energie. Um schlechtes Feng Shui zu vermeiden, darf der Spiegel nicht auf das Bett gerichtet sein.

Der vielleicht entscheidende Feng-Shui-Aspekt für den Toilettentisch ist helles Licht. Es sorgt für ausreichend Yang-Energie und betont das Feuer-Element. Damit sind günstige Bedingungen für die tägliche Morgentoilette geschaffen. Der optimale Standort für den Toilettentisch ist der Süd-, Südwest- oder Nordost-Bereich des Schlafzimmers.

Denken Sie jedoch daran, daß sich der Spiegel nicht direkt gegenüber dem Bett befinden darf. Dies würde Ihren Schlaf stören und könnte zu einem sorgenvollen Leben führen.

Oft leiden Eheleute an den Auswirkungen von Spiegeln, die gegenüber dem Bett angebracht sind, und glückliche Paare können unter Umständen durch das Eindringen von Dritten in ihre Ehe getrennt werden.

Wenn Sie auf einen Spiegel gegenüber dem Bett nicht verzichten wollen, decken Sie ihn nachts lieber mit einem Tuch ab. Oder verrücken Sie den Toilettentisch, damit der Spiegel keinen Schaden mehr anrichten kann.

Wenn Sie sich morgens schminken oder sich abends für eine Einladung hübsch machen, sollten Sie möglichst in eine Ihrer vier günstigen Richtungen blicken. Gemäß der KUA-Formel in Tip 1 und 2 konfrontiert Sie der Blick in den Spiegel dann direkt mit Ihrer günstigen Richtung. So gelingt Ihnen morgens nicht nur ein perfektes Make-up, Sie beginnen den Tag auch mit mehr Schwung.

FENG SHUI IM BERUF

GEPFLEGTES ÄUSSERES

Optimieren Sie Ihr Make-up mit Feng Shui

Glückliche Menschen haben strahlende Gesichter. Deshalb vermitteln eine gesunde Gesichtsfarbe und rosige Wangen seit jeher den Eindruck von Glück. Als Make-up noch nicht so selbstverständlich war wie heute, haben sich junge Frauen im heiratsfähigen Alter mit Kräuteressenzen ein wenig Farbe auf Wangen, Lippen und Augen gezaubert.

Glücksgesichter

Rosige Wangen galten in China als Zeichen von Fruchtbarkeit. Für Frauen war dies besonders wichtig. Denn mit runden roten Bäckchen schien ihnen ein gutes und sorgenfreies Leben beschieden zu sein. Heute kann man ganz im Sinne von Feng Shui mit Rouge nachhelfen.

Ein zarter Teint ohne Hautunreinheiten deutete auf ein sorgenfreies Leben hin. Dagegen sah man Muttermale und Sommersprossen als Zeichen für ein schweres Leben. Muttermale auf der Rückseite des Nackens galten als sicherer Hinweis auf Schwierigkeiten und Entbehrungen.

Jede Art von Geburtsmal im Gesicht verriet, daß der oder die Betroffene immer wieder Krisenzeiten zu durchleben hatte. Dies galt besonders für Male entlang der Mittellinie des Gesichts. Junge Frauen ließen sich diese Male daher oft nicht nur aus kosmetischen Gründen entfernen. Sie wollten dadurch auch ihrem Glück auf die Sprünge

helfen. Moderne Make-up-Techniken ermöglichen dies heute leichter und schmerzloser!

Dem Schönheitsideal in China entsprachen Frauen mit hellroten, schmalen Lippen. Sie konnten auf viel Glück im Leben hoffen. Ein breiter Mund mit dicken Lippen deutete dagegen auf Armut und Entbehrungen hin.

Ein typisches Glücksgesicht ist rund und eher pausbackig. Ein breiter Unterkiefer dagegen soll die Gefahr bergen, in jungen Jahren den Mann zu verlieren.

Das Haar sollte immer sorgfältig zurückgekämmt sein und von goldfarbenem Haarschmuck gehalten werden. Von einem Mittelscheitel ist abzuraten. Frauen mit gepflegter Frisur bringen ihrer Familie Glück.

In Gesichtern lesen

In China glaubt man im Gesicht einer Frau erkennen zu können, ob sie ein glückliches Leben haben wird oder nicht. Der Mund sollte klein sein, mit schmalen, roten Lippen. Auch etwas vollere Lippen schminkt man am besten rot (rechts).

Feng Shui im Beruf
Unterstützung von hilfreichen Freunden

110 Nutzen Sie das mächtige Symbol des Drachen

Die Himmelsrichtung des Drachen ist der Osten. Der beste Standort für ein Drachen-Symbol ist daher ebenfalls der Osten. Sie können dieses Symbol auf vielerlei Arten einsetzen oder eine Kombination aus mehreren Möglichkeiten wählen.

- Kaufen Sie ein Objekt, auf dem ein Drache abgebildet ist, und stellen Sie es im Osten Ihres Büros auf einen Tisch oder ein Wandschränkchen. Das Material kann Keramik, Kristall oder Holz sein. Drachen-Symbole aus Metall sind allerdings ungeeignet, da das Metall-Element das Holz-Element zerstört. Im Schlafzimmer ist das Drachen-Symbol unangebracht. Der Drache hat ausgeprägte Yang-Eigenschaften, die sich auf das Schlafzimmer ungünstig auswirken können.
- Hängen Sie ein Bild mit einem Drachen an die Ostwand Ihres Büros.

Ein dekorativer Teller mit Drachenmotiv (rechts) auf einem Wandschränkchen in der Ostecke des Büros beschert Ihnen Glück. Wenn Sie im Jahr des Drachen geboren sind, ist ein Stuhl mit Drachen-Symbolen ideal für Sie, um Ihr Energieniveau zu steigern. Im Feng Shui ist der Drache ein zentrales Motiv. Wenn man es richtig einsetzt, spürt man den kosmischen Atem des Drachen.

- Im Ostteil des Gartens läßt sich das Motiv des Grünen Drachen gut durch ein geschwungenes Beet mit blühenden Pflanzen aufnehmen.
- Verwenden Sie einen Schreibtisch mit Drachenschnitzereien an den Tischbeinen oder mit dem Drachen als Perlmuttintarsie. Von solch einem Tisch geht starke Yang-Energie aus. Allerdings ist nicht jeder Mensch diesem Einfluß gewachsen. Das gleiche gilt für Stühle mit Drachen-Symbolen. Wer im Jahr des Drachen geboren ist, kann sein Energieniveau mit Hilfe solcher Möbelstücke erheblich steigern.
- Dekorieren Sie Ihr Büro mit Keramikschalen und Kunstgegenständen, auf denen Drachen abgebildet sind. Sie gelten als Glücksbringer. Im Fernen Osten findet man solche Dekorationsstücke im Büro reicher Geschäftsleute.

FENG SHUI IM BERUF
UNTERSTÜTZUNG VON HILFREICHEN FREUNDEN

Der Phönix – Symbol für die Gunst der Stunde 111

Der Himmlische Phönix ist das Symbol für das Glück sich erfüllender Wünsche. Als Feng-Shui-Symbol ist er leicht und praktisch anzuwenden. Er ist das Geschöpf des Südens, deshalb entfaltet er seine Kraft am besten im Süd-Bereich. Suchen Sie nach Symbolen, Fotos und Gemälden mit einem Phönix. Das Motiv sollte jedoch nicht mit einem Drachen kombiniert werden. Denn beide zusammen stärken die eheliche Eintracht und nicht Ihre Karriere.

Das Symbol des Phönix

Der Phönix steht, wenn er allein abgebildet ist, für erfolgreiche und gewinnbringende Zukunftsaussichten. Im Feng Shui wird er in Form eines flachen Erdwalls oder einer kleinen Erhebung im Süden dargestellt. Der kleine Erdhügel kann sich natürlich auch vor dem Haus oder dem Büro befinden.

Schaffen Sie eine künstliche Erdaufschüttung, falls Sie nicht das Glück haben, eine natürliche vor Ihrer Haustür zu haben. Auch damit können Sie die Gunst des Phönix gewinnen. Ihr Büro können Sie aber auch mit Ersatzsymbolen des Phönix aktivieren – beispielsweise mit anderen prächtig gefiederten Vögeln wie Gockel und Pfau.

Dieses wundervolle Kleidungsstück aus Seide ist mit prächtig gefiederten Vögeln geschmückt. Sie stellen den Phönix dar – er steht für Erfolg bei bevorstehenden Gelegenheiten.

Der Himmlische Phönix

Der Phönix ist der König unter den gefiederten Lebewesen. In der chinesischen Mythologie wird er oft als Gefährte des Himmlischen Drachen dargestellt. Zusammen sind sie Symbole für eine glückliche Ehe. Hochzeitstafeln werden daher oft mit beiden Symbolen dekoriert. In bezug auf das Karriere-Glück benötigt man jedoch nur die Energie des Phönix. Für sich genommen ist sie Yang, in Kombination mit dem Drachen ist sie Yin.

Feng Shui im Beruf
Unterstützung von hilfreichen Freunden

112 Sichern Sie sich die Hilfe von Freunden

Mit der Aktivierung des Nordwestens versucht man, sich die Unterstützung hilfreicher Freunde zu sichern (siehe Tip 115). Die Aktivierung der persönlichen Sheng-Chi-Richtung (oder Erfolgsrichtung) ergänzt diese im Nordwesten wirkenden Kräfte. Die Sheng-Chi-Richtung hängt von der persönlichen Richtung des einzelnen ab. Sie wird auf der Grundlage der Geburtsdaten ermittelt und besitzt deshalb nur individuelle Gültigkeit.

Mit der Stärkung der Sheng-Chi-Richtung gelingt es Ihnen, sich für Ihr Berufsleben Ratgeber und einflußreiche Förderer zu sichern. Eine optimale Möglichkeit, dies zu erreichen, ist, das Büro jeden Tag von der Sheng-Chi-Richtung aus zu betreten. Auf diese Weise folgt Ihnen das Glück jeden Morgen beim Betreten des Büros geradezu auf dem Fuße.

Wenn Ihre Sheng-Chi-Richtung Norden ist, läßt sich die Unterstützung am besten in diesem Bereich aktivieren. Stellen Sie hier eine Wasserschale auf.

Aktivierung Ihres Sheng Chi

Ihre KUA-Zahl	Ihr Sheng Chi ist	Maßnahmen
1	Südosten	Stellen Sie eine große Pflanze oder ein Wasser-Symbol in den Südosten.
2	Nordosten	Aktivieren Sie den Nordosten mit einem Globus, einer Weltkarte oder einem natürlichen Kristall.
3	Süden	Bringen Sie im Süden ein helles Licht an, oder dekorieren Sie diesen Bereich mit roten Gegenständen oder Farben.
4	Norden	Stellen Sie im Norden ein Wasser-Symbol auf – einen Wasserbehälter mit einer Schildkröte oder einen kleinen Zimmerbrunnen.
5 männlich	Nordosten	Die gleichen Maßnahmen wie für KUA-Zahl 2.
5 weiblich	Südwesten	Die gleichen Maßnahmen wie für KUA-Zahl 8.
6	Westen	Stellen Sie einen großen Gegenstand aus Metall in den Westen.
7	Nordwesten	Hängen Sie ein Windspiel auf.
8	Südwesten	Stellen Sie in der Südwestecke ein großes Dekorationsstück aus Keramik auf.
9	Osten	Die gleiche Maßnahme wie für KUA-Zahl 1.

Wenn Ihr Sheng Chi der Osten ist, sollte die Tür in Richtung Osten weisen. In der Praxis ist dies leider oft nicht möglich. Behelfen Sie sich damit, daß Sie Ihren persönlichen Sheng-Chi-Bereich innerhalb des Büros herausfinden. Aktivieren Sie dann diese Ecke gemäß der Theorie der Fünf Elemente. Schlagen Sie unter Tip 1 nach, um Ihre persönliche KUA-Zahl zu errechnen, und wenden Sie dann mit Hilfe der Tabelle (links) die geeigneten Mittel an.

FENG SHUI IM BERUF
UNTERSTÜTZUNG VON HILFREICHEN FREUNDEN
Aktivieren Sie Ihre Schutzsymbole

113

Die Unterstützung durch einflußreiche Vorgesetzte oder Förderer hat auch eine Kehrseite. Ohne eigenes Verschulden kann man schnell zum Opfer firmeninterner Machtkämpfe werden. Es ist deshalb immer ratsam, wenigstens einige der Schutzsymbole zu aktivieren und sich strikt an die Feng-Shui-Richtlinien zu halten. So schützen Sie sich davor, daß man Ihnen in den Rücken fällt (siehe Tip 114).

Den wahrscheinlich besten Schutz bietet der wohlgesonnene Weiße Tiger. Er ist das Alter Ego des Grünen Drachen. Die Feng-Shui-Lehre besagt, daß beide meistens gemeinsam auftreten. Der Weiße Tiger übernimmt eine schützende Funktion und wird von dem Grünen Drachen unter Kontrolle gehalten. Für die praktische Anwendung heißt das: Die Ostseite (Drache) muß immer höher sein als die Westseite (Tiger), um ein Gleichgewicht herzustellen.

Fu-Hunde als Wächter

Die beiden Fu-Hunde sind in der chinesischen Tradition das häufigste Schutzsymbol. Man findet sie häufig vor Tempeln oder bedeutenden Gebäuden. In den letzten Jahren erhält man direkt aus China wunderschöne Keramiken von Fu-Hunden. Vielleicht möchten Sie sich auch ein Paar dieser Wachtposten zulegen. Sie könnten Sie vor der Büro- oder Haustür plazieren. Als ergänzende Symbole eignen sich beispielsweise Adler oder Löwen.

Halten Sie sich einen Tiger als Wächter

Mit einer Tigerfigur oder einer anderen gefährlichen Raubkatze aus Keramik kann man den Tiger als Schutzsymbol aktivieren. Stellen Sie die Figur vor Ihre Bürotür – im Büro kann der Tiger Ihnen gefährlich werden. Seiner Kraft können Sie nur standhalten, wenn Sie die entsprechenden astrologischen Daten haben. Auf jeden Fall ist es sicherer, den Tiger nicht im Zimmer, sonder lieber als Wächter vor der Tür zu haben.

Der Kopf eines Panthers oder eines Leoparden eignet sich ebenfalls als wirksames Schutzsymbol.

In der chinesischen Tradition sind Fu-Hunde Schutzsymbole. Stellen Sie zwei dieser Hunde vor die Bürotür. Sie bieten Schutz im Berufsleben.

FENG SHUI IM BERUF

UNTERSTÜTZUNG VON HILFREICHEN FREUNDEN

114 Sichern Sie Ihren Rücken

Sitzen Sie in einer Besprechung oder in Ihrer täglichen Arbeit nie mit dem Rücken zur Tür. Sie fühlen sich sonst immer bedroht.

Gutes Feng Shui hält Ihnen den Rücken frei. Ziel ist, dadurch vor allen unliebsamen Überraschungen sicher zu sein. Im Feng Shui gibt es Richtlinien, die diese Problematik behandeln und hauptsächlich die Sitzposition betreffen.

Es ist ein ungeschriebenes Gesetz, daß man im Büro nie mit dem Rücken zur Eingangstür sitzt. Dabei spielt es keine Rolle, ob sich die Tür direkt hinter Ihnen oder nur schräg hinter Ihrem Schreibtisch befindet. Ausschlaggebend ist, daß Sie nie in einer Position sitzen sollten, in der Sie nicht sehen, wer zur Tür hereinkommt. Sie dürfen nie den Überblick über die Situation verlieren. Wenn Sie in einer solchen, ungünstigen Position sitzen, sollten Sie Ihren Platz unbedingt wechseln. Stellen Sie Ihren Schreibtisch um, auch wenn die neue Sitzposition dann in eine für Sie ungünstige Richtung weist.

Mit dem Rücken zum Fenster zu sitzen, ist ebenfalls gefährlich. Nur wenn gegenüber dem Fenster ein großes Gebäude steht, das den Rücken stärkt, ist diese Position akzeptabel. Offene Bücherregale im Rücken können Sie ebenfalls in eine unangenehme Lage bringen. Lassen Sie die Regalwände mit Türen verkleiden, oder verrücken Sie den Schreibtisch – Sie können auch sichergehen und beide Vorsichtsmaßnahmen treffen.

115 Machen Sie sich den Nordwesten zunutze

Wenn es darum geht, sich gute Erfolgsaussichten zu sichern, muß man sich im Haus, im Arbeitszimmer oder im Büro in erster Linie auf den Nordwesten konzentrieren. Der Nordwesten ist nicht nur entscheidend für das Glück des Familienoberhaupts oder der Firma. Er bestimmt auch Ihr individuelles Glück, geneigte und wohlgesonnene Förderer zu finden.

Voraussetzung dafür ist ein ausgeglichenes, harmonisches Feng Shui im Nordwest-Bereich der Räume. Wer sich in diesen Räumen aufhält, kann sich der Unterstützung eines hilfreichen Freundes sicher sein. Ihm werden viele „Menschen vom Himmel" begegnen, die vielversprechende berufliche Möglichkeiten eröffnen und seine Karriere fördern.

Zur Aktivierung des Nordwestens können Sie beispielsweise Windspiele in Haus und Büro aufhängen. Nordwestwände sind hierfür am geeignetsten. Wenn Sie einen Ventilator auf Ihr Windspiel richten, wird ein leises Klingeln der Stäbe die Räume erfüllen.

Ein Bild mit einem großen Berg eignet sich ebenfalls für den Nordwesten. Es symbolisiert die Erde in diesem Bereich, und das Erde-Element erzeugt Metall.

FENG SHUI IM BERUF
UNTERSTÜTZUNG VON HILFREICHEN FREUNDEN

Ch'ien-Energie - Ihr einflußreicher Helfer

116

Das Ch'ien-Trigramm ist das stärkste der Acht Feng-Shui-Trigramme. Es stellt den Himmel dar, den Anführer, den Förderer und das Familienoberhaupt. Durch das Ch'ien-Trigramm empfangen Sie starke Yang-Energien, wenn Sie Ihre Umgebung danach gestalten. Es wird durch drei dicke, schwarze durchgehende Linien dargestellt. Viele Möglichkeiten helfen, einen Raum mit Ch'ien-Energie aufzuladen und Kontakte mit wegweisenden Menschen zu knüpfen.

Deckenschmuck

Eine der hübschesten und wirksamsten Methoden, Ch'ien-Energie in die unmittelbare Umgebung zu bringen, sind Stuckleisten (drei dicke Gipsbänder) an der Decke Ihres Büros. Sie sehen nicht nur schön aus, sondern vermitteln auch gutes Feng Shui. Weitere Deckenverzierungen sind nicht nötig – die drei Linien erfüllen ihren Zweck.

Zum gleichen Zweck können Sie eine dreireihige Randleiste auf der Hälfte der Zimmerwand anbringen. Wofür Sie sich entscheiden, hängt von Ihrem Geschmack ab. Ein Deckenschmuck ist in der Regel dekorativer.

Eine dritte Möglichkeit bietet ein Schreibtisch mit einer Randleiste. Auch damit kann man Ch'ien aktivieren – was sich für das Feng Shui des Arbeitstisches bezahlt macht.

Oben:
Das Ch'ien-Trigramm ist das Symbol für den Himmel und somit das stärkste Trigramm.

Links:
Im Büro kann man die Energie des Ch'ien-Trigramms aktivieren, indem man die Decke mit einer Stuckleiste einfaßt.

Kapitel 5
FENG SHUI FÜR MEHR WOHLSTAND
DIE VERBESSERUNG IHRES EINKOMMENS

117 Nutzen Sie die Kraft der Feng-Shui-Münzen

Binden Sie drei Münzen mit einem roten Garn zusammen, und tragen Sie sie immer bei sich. Auf diese Weise läßt sich die Kraft der drei chinesischen Münzen am besten nützen. Sie sind Symbol für eine nie versiegende Einkommensquelle.

Die Münzen entwickeln so starke Kräfte, daß es sich auch lohnt, sie immer im Geldbeutel zu tragen. Da Frauen ihre Handtasche häufiger wechseln, sollten Sie sicherheitshalber in jede davon drei Münzen stecken. Mehr als drei sind jedoch nicht nötig, ganz im Gegenteil – es könnte sich zu Ihrem Nachteil auswirken. Drei ist eine gute Zahl, da sie für die Einheit von Himmel, Erde und Mensch steht – eine Kombination, die an sich schon günstig ist. Vier oder fünf Münzen verfehlen ihren Sinn, da vier und fünf nicht als Glückszahlen gelten. Eine Alternative sind die Zahlen sechs, sieben oder acht, da sie alle als Glückszahlen gelten.

Münzen als Geschenk
Dieser Tip hat schon vielen Menschen Freude bereitet. Ein rotes Päckchen mit drei Münzen, die mit einem roten Garn zusammengebunden sind, ist auch ein hervorragendes kleines Geschenk an gute Freunde. Damit schenken Sie Ihren Freunden symbolisch Wohlstand – eine Sitte, die man öfter pflegen sollte. Der Akt des Schenkens ist allein schon sehr positiv, besonders wenn man ein symbolisch so wertvolles Geschenk wie drei Münzen in einem roten Päckchen überreicht. Dies ist ein passendes Geschenk für feierliche Anlässe. Fügen Sie jedem Hochzeits- oder Geburtstagsgeschenk die Münzen bei.

Vergessen Sie dabei nicht, daß diese ihre Yang-Energie nur durch das rote Garn entwickeln – allein bewirken sie nichts. Statt eines roten Garns können Sie auch ein leuchtend rotes Band verwenden. Das Band hat den gleichen Effekt, auch wenn Chinesen glauben, daß die Wirkung noch besser ist, wenn die Münzen mit einem speziellen mystischen Knoten zusammengebunden sind. Dem Knoten wird nämlich eine günstige positive Energie zugeschrieben.

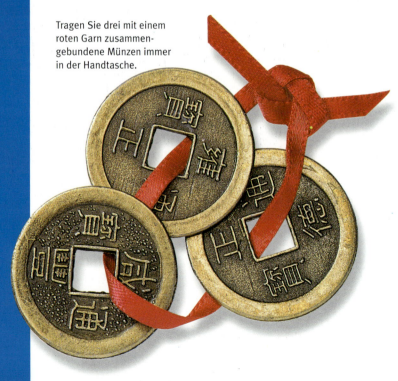

Tragen Sie drei mit einem roten Garn zusammengebundene Münzen immer in der Handtasche.

Sitzen Sie im Büro immer in Ihrer Erfolgsrichtung — 118

Mit Feng Shui nach der Kompaß-Schule steigern Sie Ihr Glück im finanziellen Bereich. Anhand des Geburtsdatums erhält man seine persönliche Sheng-Chi-Richtung. Ihr Sheng Chi finden Sie heraus, indem Sie zuerst Ihre KUA-Zahl errechnen (siehe Tip 1). Anschließend ermitteln Sie mit Hilfe der Tabelle in Tip 2 Ihre Sheng-Chi-Richtung. Versuchen Sie die Sitzposition immer so zu wählen, daß Sie in diese Richtung blicken.

Günstige Richtungen

Ihre Kua-Zahl	Ihre Sheng-Chi-Richtung	Andere günstige Richtungen
1	SO	N, S, O
2	NO	W, SW, NW
3	S	N, O, SO
4	N	S, O, SO
5	NO/SW	W, NW
6	W	NW, NO, SW
7	NW	W, NO, SW
8	SW	NW, W, NO
9	O	SO, N, S

Feng-Shui-Visitenkarten bringen Ihnen Glück — 119

Auch Visitenkarten können nach Feng-Shui-Kriterien gestaltet werden. Mindestens eine Seite der Karte sollte kürzer als 5,1 cm sein. Maßen bis 16,5 cm wird eine ungünstige Wirkung zugeschrieben. Die Abmessung meiner Visitenkarte beträgt in der Breite und in der Länge weniger als 5,1 cm.

Bei der Gestaltung von Firmenlogos sollte man ebenfalls einige Richtlinien beachten. Vermeiden Sie kantige, spitze oder eckige Formen. Eine asiatische Bank hatte sich ein solch ungünstiges Logo entwickeln lassen. Obwohl ihr dringend von diesem Design abgeraten wurde, beharrten die Verantwortlichen auf der Umsetzung des Entwurfs. Ein Fehler, wie sich später herausstellen sollte: Diese Bank gehörte zu den Opfern der Finanzkrise in Asien und existiert heute nicht mehr.

Wenn keine Möglichkeit besteht, auf die Gestaltung des Firmenlogos Einfluß zu nehmen, sollte wenigstens kein spitzer Winkel direkt auf den Namen zeigen. Setzen Sie ihn notfalls an eine andere Stelle, damit er aus der „Schußlinie" ist.

Richtlinien zur Farbgestaltung von Visitenkarten

- Eine schwarze Schrift auf weißem Untergrund ist besser als auf Beige. Weiße Visitenkarten haben daher ein günstigeres Feng Shui als weiß-getönte.
- Wenn zwei verschiedene Farben verwendet werden, sollten diese Farben miteinander harmonieren. Gute Farbkombinationen mit Schwarz sind Grün, Braun, Blau und Metallic.
- Ungünstige Farbkombinationen mit Schwarz sind Rot, Orange und Gelb.

Achten Sie bei der Gestaltung der Visitenkarte darauf, daß mindestens eine der Seiten kürzer ist als 5,1 cm. Diese Angaben gelten als günstige Feng-Shui-Maße.

120 Eine Geldkassette bringt Ihnen Glück

Dies ist das chinesische Zeichen für Metalll, aber auch für Gold und Silber.

In der Lehre des Feng Shui hat das Vergraben einer Geldkassette im Westen oder Nordwesten des Gartens eine besondere Bedeutung. Dieser symbolische Akt soll dem ganzen Haushalt Glück bescheren. Dieses Glück wird noch größer, wenn Sie an dieser Stelle einen kleinen Erdhügel aufschütten. Diese Erhöhung symbolisiert einen Berg – einen Goldberg im Garten. Da im Kreislauf der Elemente die Erde Gold erzeugt, gilt diese Methode der Feng-Shui-Aktivierung als doppelt günstig.

Füllen Sie am besten die Kassette mit Münzen und vergraben sie anschließend im Westen des Gartens. Dafür können Sie übrig gebliebenes Wechselgeld verwenden, Silbermünzen sind jedoch günstiger als Pfennige.

Die Geldkassette kann ein stabiler Behälter, aber auch ein Safe sein. Falls Sie einen Safe besitzen, sollten Sie ihn im Westen oder Nordwesten Ihres Büros plazieren. Beide Richtungen stehen für das Metall-Element. Das chinesische Zeichen für Metall (links) ist zugleich das Zeichen für Gold. Gold wiederum steht für Reichtum. Der Nordwesten ist auch der Bereich des Familienvaters. Von der Aktivierung des Nordwestens profitiert daher die ganze Familie.

121 Aktivieren Sie Ihr geschäftliches Glück

Das Segelschiff ist seit altersher ein Symbol für Erfolg in geschäftlichen Angelegenheiten. Früher verwendeten chinesische Unternehmer das Motiv gerne als Firmenzeichen. Es symbolisiert den Wind, der Aufschwung bringt fürs Geschäft, Handel ermöglicht und deshalb mehr Umsatz verspricht.

Stellen Sie zur Aktivierung Ihres geschäftlichen Glücks das Modell eines Segelschiffs vor Ihre Bürotür. Wichtig ist dabei jedoch, daß Sie es so aufstellen, als würde es hineinsegeln. Man darf nicht den Eindruck erhalten, es würde wegsegeln. Symbolisch soll das Schiff in Ihr Büro wie in einen Hafen einlaufen! Das gleiche gilt für Ihr Haus. Kaufen Sie ein Modell eines Segelschiffes und stellen Sie es in gleicher Weise in die Nähe der Haustür.

Beachten Sie bitte, daß ein Schiff mit Segeln den „Wind fangen" kann und somit günstiger ist als beispielsweise ein Modell der Titanic. Jeder Mensch kennt die Tragödie dieses Dampfers – kein gutes Omen, wenn man nach Erfolg strebt. Ganz im Gegensatz zu einem Schiff mit geblähten Segeln, das eine Ladung Gold nach Hause bringt. Achten sie darauf, daß Sie ein passendes Schiffsmodell kaufen.

Sie sollten das Schiff mit falschen Goldbarren beladen, die man günstig in chinesischen Geschäften kaufen kann. Stapeln Sie die Barren im Inneren des Schiffes. Wenn Sie keine falschen Goldbarren finden, nehmen Sie stattdessen Münzen und Geldscheine zum Füllen des Schiffes.

Feng Shui für mehr Wohlstand
Die Verbesserung Ihres Einkommens

Der Wasserdrache fördert Ihren Wohlstand

Der Feng-Shui-Drache ist ein überaus günstiges Symbol. Ein Wasserdrache im Heim gehört zu den besten Methoden, finanzielles Glück anzuziehen. In den alten klassischen Feng-Shui-Texten wurde dieses Thema so ausführlich behandelt, daß man ein ganzes Buch über all die verschiedenen Gestaltungsmöglichkeiten schreiben könnte.

Sie können sich Ihren ganz persönlichen Wasserdrachen schaffen, indem Sie ihm zusammen mit Pflanzen und fließendem Wasser einen Platz in Ihrer Wohnung einrichten. Ein kleiner Brunnen im Wohnzimmer eignet sich besonders als Standort. Kaufen Sie einen kleinen Drachen aus Gold, stellen Sie ihn in diesen Brunnen und lassen Sie das Wasser über ihn plätschern.

Finden Sie heraus, an welchem Platz im Wohnzimmer dieser kleine Brunnen Ihnen am meisten Glück bringt. Die Berechnung des „Fliegenden Sterns" ergibt für die Epoche der Sieben, also bis zum Jahr 2003, entweder den Norden, Osten, Südosten oder Südwesten als geeigneten Standort. Der optimale Platz für den Brunnen hängt aber von der genauen Ausrichtung der Haustür ab. Mit Hilfe der Tabelle können Sie den besten der vier Standorte bestimmen.

Ermitteln Sie die genaue Gradmessung mit einem Kompaß. Beachten Sie die drei Nebenrichtungen jeder Richtung.

Standort des Wasserdrachen

Richtung der Haustür	Kompaß-Bereich	Optimaler Standort für den Brunnen
Süden 1	157.5-172.5	Norden
Süden 2/3	172.5-187.5	Norden
Norden 1	337.5-352.5	Norden
Norden 2/3	352.5-007.5	Norden
Osten 1	067.5-082.5	Osten
Osten 2/3	082.5-097.5	Osten
Westen 1	247.5-262.5	Osten
Westen 2/3	262.5-277.5	Südwesten
Südwesten 1	202.5-217.5	Norden
Südwesten 2/3	217.5-232.5	Südosten
Südosten 1	112.5-142.5	Südosten
Südosten 2/3	127.5-142.5	Südwesten
Nordosten 1	022.5-037.5	Osten
Nordosten 2/3	037.5-052.5	Südwesten
Nordwesten 1	292.5-307.5	Norden
Nordwesten 2/3	307.5-322.5	Südosten

Im Feng Shui gilt der Drache als eines der besten Glückssymbole. Holen Sie sich das Glück ins Haus, indem Sie einen kleinen Brunnen in einem günstigen Bereich im Wohnzimmer aufstellen.

Feng Shui für mehr Wohlstand
Die Verbesserung Ihres Einkommens

Eine Vase sichert Ihren Wohlstand

Dies ist ein persönlicher Tip von einem Feng-Shui-Meister aus Taiwan. Das Geheimnis besteht darin, seinen Reichtum durch eine speziell gestaltete Vase zu sichern.

Kaufen Sie eine schöne und kostbare Vase, aus den Elementen Erde oder Metall hergestellt. Porzellan- oder Kristallvasen ordnet man dem Erde-Element zu, Vasen aus Kupfer, Messing, Silber oder Gold gehören zum Metall-Element. Müßig zu sagen, daß man die Wirkung mit teurem Material verstärken kann. Demnach wäre eine Vase aus Gold vorteilhafter als eine aus Silber, die wiederum wirkungsvoller ist als Kupfer- oder Messingvasen. Es kann aber auch eine versilberte oder vergoldete Vase sein. Denn Vasen aus reinem Gold sind für die meisten unerschwinglich.

Legen Sie wertvolle Edelsteine – oder Halbedelsteine wie Kristalle, Quarze, Amethysten, Zitrinen, Tigeraugen, Lapislazuli, Malachite oder Perlen in die Vase. Oder verwenden Sie die Vase als „Schmuckkästchen" für Ihre Wertgegenstände.

Standort der Vase

Eine mit Halbedelsteinen gefüllte Kristallvase gehört in den Südwesten des Zimmers. Dieser Bereich repräsentiert das Erde-Element. Eine Alternative wäre der Nordosten. Geeignete Standorte für Metallvasen sind die West- oder Nordwest-Bereiche.

Bitte achten Sie darauf, daß niemand Ihre Vase sieht. Aus diesem Grund sollte man sie beispielsweise in einem Schrank im Schlafzimmer verstecken. Die Vase darf auch nie bei der Eingangstüre stehen, da dies symbolisch das Geld aus dem Haus zieht. Hüten Sie die Vase wie ein Geheimnis, und zeigen Sie sie niemandem.

Eine Vase kann Ihnen helfen, Ihr Vermögen zu sichern. Nehmen Sie eine Vase aus Glas, Metall oder Porzellan, und legen Sie verschiedene wertvolle Edelsteine oder Kristalle hinein. Die Wahl des Standorts hängt von dem Element der Vase ab. Platz und Element müssen übereinstimmen.

Feng Shui für mehr Wohlstand

Die Verbesserung Ihres Einkommens

Gewinnen Sie den Gott des Reichtums für sich

124

Die Chinesen haben verschiedene Götter, die Wohlstand symbolisieren. Der beliebteste ist wahrscheinlich der Gott des Reichtums. „Laden" Sie diesen Gott in Ihr Haus ein und er wird Ihnen Wohlstand schenken.

Sein Name ist Tsai Shen Yeh, und er wird oft auf einem Tiger sitzend abgebildet. Dadurch soll ausgedrückt werden, daß er die Kontrolle über dieses Tier besitzt. In den Mondjahren des Tigers soll der Gott des Reichtums den größten Einfluß haben.

Man muß ihn nicht verehren oder anbeten. Ihn als Symbol im Haus zu haben ist ausreichend. Um seine Wirkung zu unterstützen, kann man ihn mit neun chinesischen Münzen behängen. Damit diese ihre Wirkung entfalten können, müssen sie mit einem roten Garn zusammengebunden sein.

Einen Platz für den Gott des Reichtums

Der beste Platz für den Gott des Reichtums ist auf einem 76 bis 83 cm hohen Tisch oder Schränkchen. Er sollte so plaziert sein, daß der Blick beim Betreten der Wohnung sofort auf die Statue des Gottes fällt. Das ins Haus strömende Chi kann er so am besten aufnehmen und wandelt es in Energie um, die dem Wohlstand förderlich ist. Das gesamte Haus wird von dieser Energie erfüllt. Ein anderer möglicher Standort ist in der Ecke des Wohnzimmers, die diagonal gegenüber der Tür liegt. Die Figur sollte auch dann in Richtung Tür weisen. Schlaf- oder Eßzimmer sind nicht geeignet für dieses Symbol. Andere sehr beliebte Götter sind Kuan Kung und der Dicke Lachende Buddha (rechts).

Dieser Dicke Lachende Buddha ist in jedem Haus willkommen. Seine Fähigkeiten bestehen darin, daß er für Erfolg und ein Leben ohne Probleme sorgen kann.

Der richtge Standort

Eine kleine Statue von Tsai Shen Yeh, dem Gott des Reichtums, kann man im Wohnzimmer diagonal gegenüber der Tür aufstellen.

Standort des Gottes

Standort des Gottes

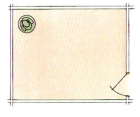

Feng Shui für mehr Wohlstand
Die Verbesserung Ihres Einkommens

125 Ein dreibeiniger Frosch als Glückssymbol

Rechts: Diese Jadefrösche sind Glückssymbole. Man kann sie im Wohn- oder Eßzimmer aufstellen. Sie sollten jedoch immer in die Wohnung oder das Zimmer blicken.

Unten: Der beste Platz für den dreibeinigen Frosch mit einer Münze im Maul ist unter einem Tisch diagonal gegenüber der Eingangstür.

Frösche und Kröten gelten allgemein als Glücksbringer. Chinesen glauben, wenn man eine ganze Familie dieser Lebewesen im Garten hat, schützen sie vor Gefahren oder Unglück.

Dem dreibeinigen Frosch werden besonders günstige Eigenschaften zugesprochen. Aus diesem Grund findet man dieses Glückssymbol in jedem chinesischen Supermarkt. Gewöhnlich wird der dreibeinige Frosch mit drei Münzen im Maul dargestellt. Die Münzen deuten auf seine Fähigkeit hin, Gold ins Haus zu holen. Das gleiche Symbol kann aber auch – falsch plaziert – finanzielle Verluste bedeuten. Die Position des Frosches ist daher sehr wichtig. Stellen Sie ihn in die Nähe der Eingangstür. Sein Blick muß nach innen gerichtet sein, so als wäre er gerade ins Haus gekommen. Das Symbol darf niemals direkt auf die Haustür gerichtet sein. Dies würde finanzielle Verluste bedeuten. Eine andere gute Position ist die Ecke diagonal gegenüber der Eingangstür. Stellen Sie den Frosch unter einen Tisch, in einen Schrank, oder verstecken Sie ihn unter Stühlen und anderen Möbelstücken.

Vermeiden Sie unheilbringendes Chi

Die Küche, das Badezimmer oder die Toilette sind keine geeigneten Plätze für ein Froschsymbol. Die positive Wirkung des Frosches würde sich dort ins Gegenteil verkehren. Statt Glück zu bringen, würde er schlechte Chi-Energien anziehen und Unheil heraufbeschwören.

Auch das Schlafzimmer ist ungeeignet. Er entwickelt seine Kraft am besten im Wohn- oder Eßzimmer. Und nicht vergessen – immer nach innen gerichtet aufstellen!

FENG SHUI FÜR MEHR WOHLSTAND
DIE VERBESSERUNG IHRES EINKOMMENS

Mit einer Schildkröte locken Sie das Glück an

Mit Schildkröten lassen sich Schicksal und Glück günstig beeinflussen. Hausschildkröten kann man in Zoohandlungen kaufen. Auch für Kinder sind sie hervorragend geeignete Haustiere, da sie widerstandsfähige Reptilien sind.

Schildkröten sind aus zweierlei Gründen beliebt: Sie beschützen die Familie, die für sie sorgt, und bringen ihr Glück. Früher hielten in China der Kaiser und wohlhabende Hofbeamte Schildkröten in kleinen Teichen. In Malaysia findet man Schildkrötenteiche im Tempel von Kek Lok Si in Penang Hill und im Hochland von Genting.

Jeder Mensch kann sich mit einer Schildkröte das Glück ins Haus holen. Dieses anspruchslose Tier gilt als himmlisches Wesen mit starken Schutzkräften. Sie können z.B. eine Wasserschildkröte im Nord-Bereich Ihrer Wohnung halten. Stellen Sie eine große Keramikschüssel auf und setzen Sie das Tier hinein.

Pflege von Schildkröten

Eine Schüssel aus Keramik oder Porzellan mit einem Durchmesser von mindestens 20 cm ist für die Wasserschildkröte ausreichend. Füllen Sie die Schüssel zur Hälfte mit Wasser und legen Sie kleine Steine hinein, damit sich das Tier auch außerhalb des Wassers aufhalten kann.

Schildkröten sind Reptilien. Das Wasser sollte jede Woche dreimal erneuert werden. Lassen Sie frisches Wasser eine Weile stehen, bevor Sie das Tier hineinsetzen. Füttern Sie die Schildkröte mit Fischfutter oder mit frischem grünem Blattgemüse.

Es ist nicht nötig, mehr als eine Schildkröte zu halten. Eins ist die Zahl des Nordens, und da im Feng Shui die Schildkröte dem Norden zugeordnet wird, bedeutet nur dies gutes Feng Shui. Die Tiere sind in der Natur Einzelgänger und fühlen sich allein sehr wohl. Sollte Ihre Schildkröte sterben, interpretiert man ihren Tod als erfolgreichen Schutz vor einer kleinen Katastrophe.

Sie können Ihr Glück mit einer Schildkröte steigern. Man kann sie einfach in einer großen Keramikschüssel halten, die man zur Hälfte mit Wasser füllt und in die man einige Steine hineinlegt. Der beste Platz, um ihre Wirkung zu entfalten, ist der Norden Ihres Hauses.

FENG SHUI FÜR MEHR WOHLSTAND

DIE VERBESSERUNG IHRES EINKOMMENS

127

Klingende Glocken steigern Ihren Umsatz

Früher kündigten Glocken gute Neuigkeiten an und galten deshalb als Glückssymbol. Chinesische Ladenbesitzer vertrauten seit altersher der Wirksamkeit von klingenden Glocken an ihrer Ladentür: Sie sollten Kunden anlocken. Die kleinen Metallglöckchen erzeugen bei jedem Öffnen der Tür gutes Chi und steigern auf diese Weise den Umsatz. Diese Methode hat sich besonders in Handelsgeschäften bewährt, wo Waren für den persönlichen Bedarf oder Schmuck, Kleidung und Accessoires verkauft werden.

Die Glöckchen können aus jeder Metallart gemacht sein. Ihre Wirksamkeit steigert man, indem man sie mit einem roten Band zusammenbindet. Das Band aktiviert ihre Yang-Energie. Sechs oder sieben Glöckchen sind ideal, auch wenn viele Ladenbesitzer sie oft nur paarweise an die Tür hängen. Es gibt zwei Möglichkeiten, wie Sie die Glöckchen an der Tür anbringen können:

- Entweder Sie befestigen die Glöckchen an der Außenklinke der Ladentür oder
- Sie hängen sie über die Tür, um bei jedem Öffnen der Tür ihr Klingeln zu hören.

Kleine Glöckchen kann man auch an der Ladendecke aufhängen. Sie sollten entlang der West- oder Nordwestwand hängen oder direkt gegenüber der Tür. So locken sie das gute Chi in den Laden. Die Glöckchen haben nur symbolischen Wert und müssen nicht sichtbar sein. Das heißt, nachdem Sie sie aufgehängt haben, brauchen Sie sich nicht mehr darum zu kümmern.

128

Drei Glücksmünzen für Ihren Wohlstand

Antike chinesische Münzen, besonders jene aus der Chien-Lung-Periode, werden im Feng Shui zu vielen verschiedenen Zwecken verwendet. Falls Sie keine echten haben, können Sie auch Imitationen benutzen. Doch ob echt oder unecht, eines müssen Sie auf jeden Fall beachten: Die Münzen müssen vor Gebrauch mit Salzwasser abgewaschen werden. Damit verhindern Sie, daß negative Energie aus vergangener Zeit noch an den Münzen haften bleibt. Es handelt sich dabei nur um eine Vorsichtsmaßnahme, daher brauchen Sie sich nicht zu beunruhigen, wenn Sie dies versäumt haben sollten. Imitate der chinesischen Münzen, die man über den Feng-Shui-Handel beziehen kann, sind ohnehin frei von negativen Energien.

In der Praxis sollten drei Münzen in gerader Reihe mit der Yang-Seite (vier Zeichen) nach oben zusammengebunden und dann auf eine Geldkassette geklebt werden. So steigern Sie Ihre täglichen Einnahmen. Sie können die Münzen auch in der Registrierkasse oder auf dem Deckel Ihres Rechnungsbuchs befestigen. Mit den drei Glücksmünzen erzielen Sie in jedem Fall höhere Umsätze.

FENG SHUI FÜR MEHR WOHLSTAND
DIE VERBESSERUNG IHRES EINKOMMENS

Spiegel verdoppeln Ihr Geld

129

Chinesische Ladenbesitzer glauben fest an die positive Wirkung großer Wandspiegel in ihren Geschäftsräumen. Diese vermitteln den Eindruck, als befänden sich doppelt so viele Waren im Laden und als handle es sich um ein gutgehendes Geschäft. Durch die Spiegelung entsteht ferner eine starke Yang-Energie. Spiegel haben eine geradezu wundersame Wirkung auf die Einnahmen, wenn sich die Kasse in ihnen spiegelt. Sie verdoppeln buchstäblich den Umsatz.

Energie für gute Geschäfte

Wenn Sie Ihre Umsätze wirklich steigern möchten, ist es mit einem kleinen Handspiegel nicht getan. In manchen Fällen wundern sich die Leute, warum dies nicht funktioniert. Der Grund dafür ist einfach: Der Spiegel ist zu klein. Wenn er zusätzlich noch falsch angebracht wird, so daß nicht die Kasse, sondern die Ladentür reflektiert wird, kann es nicht wirken. Im Gegenteil, wenn die Tür im Spiegel zu sehen ist, verläßt das Chi den Laden genauso schnell wie es hereingekommen ist. Bringt man dagegen einen Wandspiegel an der richtigen Stelle an, ändert sich die Situation sofort.

Mit Spiegeln kann man die gute Energie des Geschäfts hervorragend verstärken. Säulen und Vitrinen sollte man mit Spiegeln verkleiden. Hängen Sie an allen Ladenwänden, bis auf die direkt gegenüber der Eingangstür, Spiegel auf. Ihre Waren und die Anzahl der Kunden verdoppeln sich dadurch – und natürlich auch die Geschäftseinnahmen.

An allen Wänden können Spiegel hängen, nur die Wand gegenüber der Tür muß frei bleiben.

Wandspiegel können Wunder für den Umsatz bewirken, wenn sich die Kasse darin spiegelt (links und unten). Die Einnahmen verdoppeln sich geradezu. Die Wand gegenüber der Eingangstür muß jedoch frei bleiben, weil die Tür nicht im Spiegel reflektiert werden darf.

Feng Shui für mehr Wohlstand
Die Verbesserung Ihres Einkommens

Drei Tips für die Einrichtung Ihres Geschäftes

Achten Sie bei der Gestaltung Ihres Ladens auf drei wichtige Feng-Shui-Tips. Sie können so kreativ sein, wie Sie wollen, und Sie können alle Farben verwenden, die Ihnen gefallen. Trotzdem empfiehlt es sich, folgende Richtlinien für ein gutes Feng Shui zu beachten:

- Wenn man die Ladentür öffnet, muß ein kleiner freier Raum oder ein „heller Saal" vorhanden sein. In diesem Bereich dürfen keine Schränkchen, Wandschirme oder Möbel stehen, damit der eintretende Chi-Strom nicht abgeblockt wird.
- Die Formen des Ladenmobiliars sollten sich harmonisch in den jeweiligen Bereich einpassen. Auf die Eingangstür darf kein spitzer Winkel eines Schränkchens oder Tisches weisen (siehe Tip 10).
- Wenn es gelungen ist, Kunden in den Laden zu locken, muß man sie durch die Gestaltung des Ladengrundrisses zum Kauf anregen. Gerade Linien laden nicht zum Verweilen und Betrachten der Waren ein. Geschwungene Linien sind dagegen ideal fürs Geschäft.

Plazierung von Ladeneinheiten
Bei der Planung des Ladens ist es wichtig, daß die einzelnen Möbel so angeordnet werden, daß sich die Kunden genauso wie der Chi-Strom in geschwungenen Linien durch das Geschäft bewegen. Stellen Sie fest, welche Elemente die einzelnen Zonen Ihres Geschäfts bestimmen, in die Sie Ladeneinheiten plazieren möchten, und legen Sie erst dann die Form des betreffenden Einrichtungsgegenstands fest. Die Zone im Laden unmittelbar vor der Tür sollte frei bleiben, damit der Chi-Strom ungehindert eintreten kann.

Feng Shui für mehr Wohlstand
Die Verbesserung Ihres Einkommens

Ein Hufeisen bringt Ihnen Glück

131

Interessanterweise ist das Hufeisen auch in der westlichen Welt ein Glückssymbol. Im Feng Shui wird die Hufeisenform als die ideale Landstruktur beschrieben. Das Hufeisen stellt auf vollkommene Weise die Kombination aus Grünem Drachen und Weißem Tiger dar. Ein Hufeisen an der Wand gilt daher auch im Feng Shui als Glückssymbol.

Besonders auf kleine Geschäfte soll sich die Hufeisenform positiv auswirken, wenn die Einrichtungsgegenstände dementsprechend angeordnet sind oder die Wandgestaltung diese Form wiedergibt. Eine hufeisenförmige Vitrine reicht für eine positive Wirkung schon aus. Trotzdem kommt es auch auf die richtige Plazierung an. Das Hufeisen darf nicht zur Tür weisen, und keinesfalls sollte der flache, eckige Teil direkt gegenüber der Tür sein.

Andere vorteilhafte Formen

Formen wie Rechteck und Quadrat sind ebenfalls vorteilhaft für das Ladenmobiliar. Dabei muß man nur darauf achten, daß keine scharfen Kanten in Richtung Tür oder Kasse weisen.

Die Pa-Kua-Form (achteckig) ist ebenfalls sehr günstig. Sie ist ideal, um kleine, wertvolle Gegenstände zu präsentieren, beispielsweise Schmuck und Accessoires. Diese Form kann man auch in die Länge ziehen, ohne daß sie ihre Wirkung verliert.

Kreisförmige Elemente sind ebenfalls hervorragend geeignet. Sie können rund oder oval sein. Es sind harmonische Formen ohne scharfe Kanten.

Begünstigen Sie durch Bambus Ihr Schicksal

Bambus gehört zu den beliebtesten und wirksamsten Symbolen für ein langes Leben. Er steht für Durchhaltevermögen und die Fähigkeit, die widrigen Umständen des Lebens zu meistern. Im Feng Shui symbolisiert er jedoch nicht nur ein langes Leben und einen guten Gesundheitszustand. Zudem ist der Bambus ein sehr wirkungsvolles Sinnbild für ein glückliches Schicksal. Deshalb ist es immer gut, eine Abbildung im Haus oder Büro zu haben. Ein Bambusstab im Geschäft aufgestellt, bedeutet Schutz. Sie werden mit Ihrer Firma auch harte Zeiten überstehen und in guten Zeiten besonders erfolgreich sein.

Die Pa-Kua-Form

Der hohle Stamm der Bambuspflanze findet im Feng Shui auf vielerlei Weisen Verwendung. Durch ihn kann man mit einer einfachen Methode sein Glück langfristig positiv beeinflussen: Hängen Sie einfach zwei Bambusstäbe über die Eingangstür des Ladens. Die beiden Stäbe sollten sich an den Enden leicht zueinander neigen, um die Pa-Kua-Form anzudeuten. Ihre Energie erhalten sie über das rote Band, mit dem man sie zusammenbindet.

Es ist nicht nötig, viele Bambusstäbe im Laden anzubringen. Zwei genügen, und falls es zu schwierig ist, sie über die Tür zu hängen, kann man sie auch an der dem Eingang gegenüberliegenden Wand befestigen. Sie müssen auch nicht besonders groß oder dick sein. Ein zarter, 15 cm langer Stab genügt. Achten Sie bitte darauf, daß seine beiden Enden offen und nicht geschlossen sind.

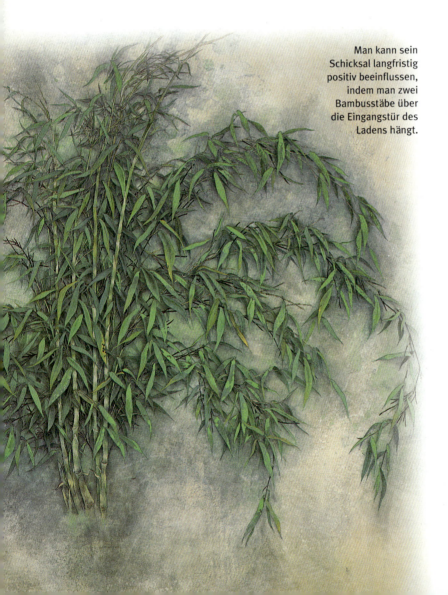

Man kann sein Schicksal langfristig positiv beeinflussen, indem man zwei Bambusstäbe über die Eingangstür des Ladens hängt.

FENG SHUI FÜR MEHR WOHLSTAND
DIE VERBESSERUNG IHRES EINKOMMENS

Feng-Shui-Design für Restaurants

In traditionellen chinesischen Restaurants kann man gut erkennen, welche Gestaltungsmittel für Restaurants wichtig sind. Die Farbe Rot beispielsweise: Sie wird häufig verwendet, weil Restaurants dem Feuer-Element zugeordnet werden. Wichtige Designelemente sind auch eine gute Beleuchtung und runde Säulen, die in der Regel mit Drachen und Phönixabbildungen verziert sind. Solche typisch eingerichteten chinesischen Restaurants gibt es kaum noch. Immer mehr dominiert hier modernes Design.

Auffallend ist, daß moderne Restaurants in meinem Land oft das Wasser-Motiv bevorzugen. Vermeintlich mit Erfolg, denn diese Lokale sind besonders abends sehr gut besucht. Es scheint daher nur konsequent, das Wasser-Element in die Gestaltung zu integrieren, denn offensichtlich erhöht sich dadurch der Alkoholkonsum. Die Erklärung für dieses Phänomen ist aber vergleichsweise banal: Diese Lokale besitzen eine der wenigen Lizenzen für den Alkoholausschank!

Viele moderne Restaurants (oben und rechts) gehen vermehrt zu blauen Gestaltungselementen über. Vielleicht geschieht dies unbewußt, doch scheinbar trägt das Wasser-Motiv zu einem erhöhten Alkoholkonsum bei.

Feng Shui für mehr Wohlstand
Die Verbesserung Ihres Einkommens

Feuer-Symbole beflügeln das Immobiliengeschäft

Wer sein Geld mit Immobiliengeschäften verdient, kann von Feng Shui enorm profitieren. Denn jeder potentielle Immobilienkäufer hat ein lebhaftes Interesse, zu wissen, ob sein möglicher Besitz unter einem guten oder schlechten Stern steht. Ein guter Immobilienmakler kann seine Kunden entsprechend beraten. In Städten haben die meisten Immobilien ein durchschnittliches Feng Shui. Letztlich hängt das Feng Shui davon ab, was Sie aus Ihrem Besitz oder Haus machen.

Das Feng Shui Ihrer Immobilien
Auch diesbezüglich müssen die Richtungen und Orientierungen berücksichtigt werden. Ihre persönliche Glücksrichtung trägt wesentlich dazu bei, ob ein Haus positiv oder negativ für Sie ist. Das Feng Shui mancher Gebäude und Häuser kann im Einflußbereich „Giftiger Pfeile" liegen. Gefahren dieser Art können ausgehen von Sendetürmen, hohen Mauern, Eisenbahnüberführungen, erhöhten Straßen, Wasserspeichern oder massiven Gebäudekomplexen – Bauten, wie sie für Städte typisch sind. Ihre negative Energie läßt sich nur schwer abschwächen oder umleiten. Als Grundstücksmakler muß man sich über derartige Störfaktoren im klaren sein. Die Vermittlung solcher Projekte ist unter Umständen aufwendiger.

Für alle, die im Immobiliengeschäft tätig sind, ist Feuer ein gutes Feng-Shui-Symbol. Im Entstehungskreislauf der Elemente (siehe Tip 10) wird Erde von Feuer erzeugt. Erde wiederum ist das Symbol für Grund- und Immobilienbesitz. Das Büro eines Immobilienmaklers sollte idealerweise mit den Kennzeichen des Feuer-Symbols ausgestattet sein:

- Gute Beleuchtung – besonders im Eingangsbereich und im Flur.
- Rote Dekorationselemente – streichen Sie eine Wand oder eine Tür rot. Oder kaufen Sie rote Vorhänge oder einen roten Teppich. Selbst ein Bild mit intensiven Rottönen erfüllt diesen Zweck.
- Verwenden Sie das Sonnen-Symbol.

Rechts: Für alle im Immobiliengeschäft tätigen Menschen sind dreieckige Gebäudeformen am günstigsten. Das Dreieck symbolisiert das Feuer-Element; Feuer erzeugt Erde – also Grundbesitz.

Mit Pflanzen erhalten Sie positive Energien

Im Feng Shui gelten alle Pflanzen mit fleischigen Blättern als positiv. Ein Beispiel ist hier der Jadebaum, der zur Familie der Sukkulenten gehört. Im allgemeinen sind Pflanzen mit runden Blättern besser als Gewächse mit langen, geraden oder spitzen Blättern, da sie negative Energie-Pfeile aussenden.

Zitronenbäumchen haben ein besonders gutes Feng Shui, weil ihre Früchte Gold symbolisieren. Während des Mondneujahrs stellen die Menschen in China, Singapur und Malaysia mindestens zwei Zitronenbäumchen mit vielen reifen Früchten zu beiden Seiten der Haustür auf.

Dieser Brauch ist auch unter Geschäftsleuten in ganz Asien sehr beliebt. Man erhofft sich davon langfristig gute Einnahmen und gute Geschäftsabschlüsse.

Holz symbolisiert Wachstum

Pflanzen gehören zum Holz-Element, und Holz symbolisiert in erster Linie eine gesunde und stetige Entwicklung. Gesunde, im Wachstum befindliche Pflanzen an einem östlichen oder südöstlichen Standort aktivieren diese Umgebungen. Der Südosten gilt allgemein als der Bereich des Wohlstands und des Reichtums. Deshalb bewirken üppige und gesunde Pflanzen hier immer ein gutes Feng Shui. Ausgetrocknete oder kranke Gewächse sollte man jedoch schnellstens entfernen. Sie verursachen ein Übermaß an Ying-Energie.

In Asien stellen Ladenbesitzer in der Neujahrszeit Zitronenbäumchen mit reifen Früchten vor die Ladentür. Sie erhoffen sich davon höhere Umsätze. Eine früchtetragende Pflanze auf der Ostseite des Ladens sichert Ihnen stetig steigende Einnahmen.

FENG SHUI FÜR MEHR WOHLSTAND
DIE VERBESSERUNG IHRES EINKOMMENS

Das Gleichgewicht der Elemente

Besitzer von Juwelierläden sind mit runden Formen für ihr Mobiliar gut beraten. Edelsteine und Juwelen gehören zum Metall-Element und werden am besten durch geschwungene Formen zur Geltung gebracht. Auch die Einrichtungselemente wirken in dieser Anordnung besser. Die Farbe Rot ist im Zusammenhang mit Edelsteinen unangebracht. Feuer zerstört Metall und ist daher ungünstig. Besser wirken die Energien des Erde-Elements. Man sollte daher eher Dekogegenstände aus Ton und Kristall wählen.

Antiquitätengeschäfte

Der Handel mit Antiquitäten erfordert manchmal besondere Sorgfalt. Dies gilt besonders für den Verkauf von Buddhas und anderen religiösen Gegenständen. Götterstatuen sollte man immer Respekt erweisen – schließlich handelt es sich um heilige Gegenstände mit hoher Symbolkraft. Sie sollten deshalb immer auf Ablagen stehen, die über Kopfhöhe angebracht sind. Nichts bringt mehr Unglück, als heilige Symbole nachlässig und respektlos zu behandeln. Antiquitäten senden außerdem sehr viel Yin-Energie aus. Deshalb ist es ratsam, mit Yang-Energie einen Ausgleich zu schaffen. Am besten erzeugen Sie sie durch gute Beleuchtung der Geschäftsräume und Musik. Oder aber Sie streichen eine einzelne Wand in einer Yang-Farbe – vorzugsweise Weiß, Rot, Gelb oder Orange.

Souvenirläden

Läden, die hauptsächlich mit Souvenirs aus Holz handeln und sie verkaufen, profitieren in erster Linie durch die Aktivierung der Holz-Energie. Dafür eignen sich in erster Linie hübsche buschige Pflanzen. Sie können auch künstlich sein, sollten aber frisch und gesund aussehen. Die Aktivierung der Holz-Energie steigert die Umsätze gewaltig. Yang-Energie erzielt man mit guter Außenbeleuchtung, beispielsweise an der Ladentür.

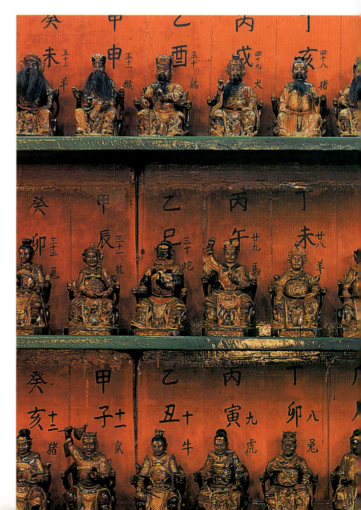

Rechts: Stellen Sie Götterstatuen in Ihrem Laden immer auf einen erhöhten Standort. Ein Platz auf dem Boden zeugt von Respektlosigkeit.

FENG SHUI FÜR MEHR WOHLSTAND
DIE VERBESSERUNG IHRES EINKOMMENS

Die Energie der Erde bringt Ihnen Glück

Wenn Sie Ihre wirtschaftliche Situation durch die Energie der Erde verbessern wollen, müssen Sie die drei Erde-Bereiche in Ihrem Geschäft aktivieren:
- die Mitte
- den Südwesten
- den Nordosten

Schmücken Sie diese Bereiche mit Gegenständen aus Keramik und Kristall.

Die Energie der Erde wirkt sich am stärksten im Südwesten aus. Dekorieren Sie diesen Bereich mit Töpferwaren, und bringen Sie eine Lichtquelle an, die die Energien aktiviert. Am wirksamsten ist rotes Licht, denn Rot betont das Feuer-Element, und Feuer erzeugt Erde.

Möbelstücke mit Perlmutteinlagen eignen sich hervorragend zum Aktivieren des Holz-Elements im Südost- oder Ost-Bereich. Chinesische Möbel sind selten mit Nägeln versehen, da sie in Möbeln als Unglücksbringer gelten. Man führt dies auf den Zerstörungskreislauf zurück. Demnach vernichtet Metall das Holz-Element. Früher hätten sich Kaiser und reiche Hofbeamte nie auf Stühle gesetzt oder in Betten geschlafen, in die Nägel geschlagen waren.

Unten: Tischchen mit Perlmutteinlagen aktivieren den Erde-Bereich in Ihrem Geschäft.

Feng Shui für mehr Wohlstand
Die Verbesserung Ihres Einkommens

138 Schützen Sie Ihr Firmenschild

Das Firmenemblem ist das Aushängeschild des Unternehmens. Es gehört neben dem Haupteingang zu den wichtigsten Dingen, die man vor schlechtem Feng Shui schützen muß. Negative Energien können sich hier am stärksten niederschlagen. Das wichtigste Gebot lautet: Das Firmenschild muß weit oben am Gebäude angebracht werden. Der Firmenname darf nie auf Höhe des Erdgeschosses erscheinen. Dies könnte zum Ruin des Unternehmens führen.

Doch selbst wenn diese Grundvoraussetzungen erfüllt sind, können folgende bauliche Strukturen Schaden anrichten:

- Autobahn- und Eisenbahnüberführungen
- Sendetürme und andere hohe Bauten
- Nachbargebäude
- Stadtbahnen auf erhöhten Trassen
- Hervorstehende Gebäudeecken.

Ein großes Firmengebäude profitiert von einem gut beleuchteten Firmenschild hoch über der Erde. Zugleich stellt es einen Schutz dar. Ein Firmenschild auf Höhe des Erdgeschosses dagegen zieht negative Energien an.

Glückszahlen bringen Ihnen Wohlstand

In New York sind die Hausnummern fast immer auffällig an der Vorderseite des Gebäudes angebracht. Vielleicht ist das eine Auflage der Stadtverwaltung. Auf jeden Fall macht es sich für alle Gebäude mit Glückszahlen vorteilhaft bemerkbar. Gebäude mit „toten" Nummern sind dagegen weniger vom Glück begünstigt.

Günstige Zahlen

Günstig sind alle Nummern, die auf die Glückszahlen 1, 6, 7, 8 und 9 enden.

Die 8 genießt unter diesen Glückszahlen eine besondere Stellung – sie ist für viele die Glückszahl schlechthin. Das chinesische Wort für 8 klingt wie „Phat", was soviel wie Wachstum bedeutet. Die meisten Feng-Shui-Meister geben allerdings der 9 den Vorzug, weil sie die Fülle des Himmels und der Erde symbolisiert. Darüber hinaus ergibt sich, egal wie oft diese Zahl mit sich selbst multipliziert wird, folgendes Phänomen: 9 mal x ergibt immer eine Zahl, deren Summe 9 ist. Beispiel: 9 x 3 = 27 und 2 + 7 = 9 und so fort.

Die Zahlen 1, 6 und 8 sind hervorragend zu kombinieren. Egal in welcher Reihenfolge sie auftauchen, sie bringen immer Glück. Die Zahl 7 ist bis ins Jahr 2003 eine Glückszahl, weil wir uns gegenwärtig in der Epoche der Sieben befinden. Von 2004 bis 2023 wird sie von der Zahl 8 abgelöst, weil diese Zahl die nächste Epoche bestimmt. Dies ist auch der Grund, warum 8 diese große Bedeutung hat: Sie bringt nicht nur jetzt, sondern auch in Zukunft Glück.

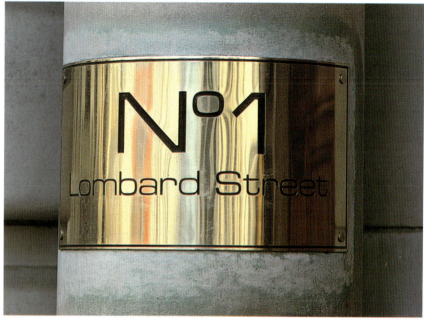

Unglückszahlen

Die Zahl 4 ist eine äußerst unbeliebte Zahl. Sie steht im Ruf, die Zahl des Todes zu sein, da sie im Chinesischen wie das Wort „Tod" klingt. Andererseits hat die 4 schon vielen Leuten enormes Glück gebracht!

Im Feng Shui gilt die Kombination der Zahlen 2 und 3 als ausgesprochen schlecht. Sie führt zu Mißverständnissen, die der Auslöser schwerwiegender Probleme sein können.

Schlimmer als die bisher genannten Zahlen ist nur noch die gefürchtete 5. Denn diese Ziffer kann enorme Probleme bringen.

Wenn die Hausnummer Ihres Firmengebäudes eine Glückszahl ist, so wie die hier abgebildete, sollte sie auf einem großen Schild stehen. Sie zieht das Glück förmlich an.

FENG SHUI FÜR MEHR WOHLSTAND

UNTERNEHMER UND IHRE FIRMENGEBÄUDE

Günstige Firmenlogos

Firmenlogos sollten eine positive Wirkung haben. Es gibt hierfür einige allgemeine Richtlinien. Wenn Sie selbst der Firmeninhaber sind und das Logo Ihres Unternehmens selbst gestalten, können Sie die Kriterien an einen Grafikdesigner oder Ihre Werbeagentur weitergeben:

- Kreise oder geschwungene Linien sind besser als spitze oder eckige Formen. Dreiecke oder gezackte Linien sind daher nicht empfehlenswert. Bei erfolgreichen Firmen mit eckigen Logos sind die Winkel immer nach außen gerichtet, und zeigen nie auf den Firmennamen. Das spitze Logo der Bank von Hongkong ist dafür ein hervorragendes Beispiel.

Die Wirkung von Firmenlogos auf Gebäuden sollte immer gut überlegt sein.

- Tiere symbolisieren auf Firmenlogos gewöhnlich Tatkraft, Stärke und Beständigkeit der Firma. Der Drache ist das beliebteste Tiersymbol. Firmen mit dem Drachen im Logo sind normalerweise äußerst finanzkräftig. Das Symbol kann in unterschiedlichen Formen erscheinen – beispielsweise als tragendes Muttertier mit gewölbtem Leib. Dieses Logo versinnbildlicht die Expansionspläne des Unternehmens. Weitere beliebte Tiersymbole mit starker Aussagekraft sind vor allem der Tiger und der Löwe.

- Abstrakte Formen wie Quadrate, Kreise und andere fünf-, sechs- oder achtseitige Designs sollten mit Bedacht ausgewählt werden. Sie können negative Energie anziehen und somit ein schlechtes Feng Shui verursachen.

- Blumen eignen sich zwar als Emblem, erreichen aber nie die Ausdrucksstärke von Tiersymbolen. Knospen, die sich gerade öffnen, sind günstiger als Blumen in voller Blüte. Das gleiche gilt für die Farbgestaltung. Grün erinnert an den Frühling und ist deshalb positiv besetzt. Herbstfarben wie Orange oder Braun haben eine negative Aussage. Mit dem Frühling verbindet man Wachstum und Stärke, mit dem Herbst den nahenden Winter und das Sterben in der Natur.

- Sonnenaufgänge symbolisieren immer den Aufstieg der Firma. Sonnenuntergänge können hingegen das Ende bedeuten.

FENG SHUI FÜR MEHR WOHLSTAND

UNTERNEHMER UND IHRE FIRMENGEBÄUDE

Ein großzügiger Eingang fördert gutes Feng Shui

Je größer das Firmengebäude, um so größer sollte der Haupteingang sein. Nur so wird das Gleichgewicht gewahrt. Wer in einem großen Gebäude mit kleinem Eingang wohnt oder arbeitet, dem wird es an dem entscheidenden Quentchen Glück fehlen. Durch einen kleinen Eingang kann nicht genügend positive Energie eintreten.

Ein großer Eingang wirkt imposant und strahlt Stabilität aus. Löwen könnten das Portal bewachen und hohe Säulen oder andere schützende Strukturen das Bild ergänzen. Hierbei sollte man immer auf das richtige Verhältnis achten. Übertrieben große Eingangstüren erschlagen den Betrachter und können das ganze Gebäude negativ beeinflussen. Die Wirkung ist schädlicher als bei zu kleinen Türen.

Tiersymbole vor dem Eingang haben eine Schutzfunktion. Im Fernen Osten stellen viele Geschäftsleute zwei Fu-Hunde als Wachposten vor die Tür des Gebäudes, und die Bank von Hongkong wird von zwei riesigen Löwen bewacht. Sie sind eigentlich eine Nachbildung der Löwen vom Trafalgar Square in London, haben aber über die Geschicke der Bank seit deren Gründung im 19. Jahrhundert treu gewacht.

Ein großer Firmeneingang wirkt immer eindrucksvoll. Er sollte von Säulen, kleinen Büschen, einem Löwenpaar oder ähnlichem eingerahmt werden.

Vorsicht vor ungünstigen Gebäudeformen

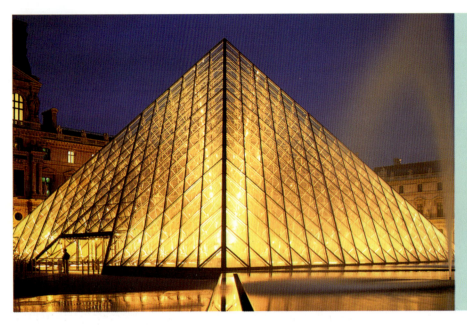

Gebäudeformen

Die Pyramidenform ist für Gebäude normalerweise ungünstig, weil sie zuviel Yin-Energie erzeugt. Doch die Pyramide des Louvre (links) ist für ein Museum ideal. Museen benötigen nicht viel Yang-Energie. Außerdem kann durch das Glas genügend Sonnenlicht und somit positive Energie ins Innere dringen.

In der Regel sind Großunternehmer viel zu beschäftigt, um sich über Feng Shui Gedanken zu machen. Sie bauen ihre Firmenzentralen, Hotels oder Einkaufshäuser nach ästhetischen oder wirtschaftlichen Gesichtspunkten. Doch leider kommt es nicht selten zu schwerwiegenden Baufehlern.

In Malaysia wurde ein Einkaufszentrum gebaut, dessen Eingang in Form eines Löwen gestaltet war. Eigentlich sollte eine Sphinx dargestellt werden. Kein Wunder also, daß das Einkaufszentrum schlecht besucht ist. Wer möchte schon gern im Bauch eines Löwen einkaufen gehen!

Die Pyramidenform

Die Pyramidenform wird für Gebäude immer beliebter. Diese Form hat einen gewaltigen Einfluß auf die Umgebung. Die von ihr ausgehenden Energien sind ungünstig für eine lebendige Umgebung. Die Pyramide (und die Sphinx) erinnern an Grabmäler, und Gräber sind Orte mit extremer Yin-Energie. Firmen, die ihre Hauptverwaltung in einem Gebäude mit einem pyramidenförmigen Dach haben, riskieren den Untergang des Unternehmens. Eine Ausnahme stellt die Glaspyramide des Louvre in Paris dar. Durch die Scheiben kann das Sonnenlicht ins Innere dringen, und für Museen ist Yin-Energie sehr günstig.

Die Architektur der Oper von Sydney erinnert an das Feuer-Element. Sie hat starke Yang-Energie und profitiert von einem guten Feng Shui. Die Feuer-Energie des Opernhauses wird wiederum durch die Lage am Wasser ausgeglichen. Der Schiefe Turm von Pisa erinnert durch seine runde Form an das Element Metall. Runde Bauten wie er sind in der Regel nicht so günstig wie rechtwinklige. Denn Winkel erzeugen bessere Schwingungen.

FENG SHUI FÜR MEHR WOHLSTAND
UNTERNEHMER UND IHRE FIRMENGEBÄUDE

Der Firmensitz braucht ein stabiles Fundament

Architekten bauen heutzutage gerne Wolkenkratzer auf riesige Betonstelzen. Dadurch entstehen unterhalb des Gebäudes freie Räume. Für das Feng Shui des gesamten Bauwerks ist diese Form äußerst bedenklich.

Die großen freien Flächen unter der ersten Etage ziehen das wertvolle Chi aus dem Gebäude ab. Wenn sich der Hauptsitz einer Firma in einem solchen Gebäude befindet, ist es um die Zukunft schlecht bestellt. Gutes Chi fließt dann einfach weg.

Solche Bauwerke haben ein „schwaches Fundament". Wenn die Geschäfts- und Büroräume des Vorstands aber keine feste Grundlage haben, steht die Firma buchstäblich auf „wackligen Beinen".

Außerdem vermißt man bei diesen Gebäuden eine richtige Eingangstür. Sie haben keinen „Mund", und gutes Chi kann deshalb nicht in das Haus hineinfließen. Wenn Ihr Gebäude eine solche Struktur aufweist, ist es nur durch zusätzliche Mauern, die das Erdgeschoß z.B. als Büro oder Wohnung nutzbar machen, zu retten.

Moderne Gebäude
Der Architekt Richard Rogers Lloyd wurde zwar für sein in London errichtetes modernes Bauwerk hochgelobt, doch aus Feng-Shui-Sicht ist es problematisch. Die massiven Säulen haben eine sehr negative Wirkung auf die Ladengeschäfte in dem Einkaufszentrum. Die Treppe erzeugt Shar Chi. Der leere Raum in der Mitte ist als Atrium konzipiert. Normalerweise würde das Chi hier einfach wegfließen, doch durch die Form der Rolltreppe wird dieser Umstand etwas abgeschwächt.

Überprüfen Sie die Lage Ihres Gebäudes

Beim Bau eines Firmengebäudes sollten einige grundsätzliche Feng-Shui-Regeln beachtet werden: Das Gebäude hinter Ihnen sollte höher sein als das eigene, und die Gebäude linker und rechter Hand sollten wiederum niedriger sein als die hinteren. Diese Struktur entspricht der klassischen Feng-Shui-Anordnung des Grünen Drachen und Weißen Tigers. Bei der Planung eines Firmengebäudes ist jeder Bauherr gut beraten, wenn er diese Grundsätze des Landschafts-Feng-Shui berücksichtigt.

Landschafts-Feng-Shui

Direkt vor Ihnen sollte eine freie Fläche liegen. Der Blick auf einen freien Platz ist sogar noch vorteilhafter als der Blick auf eine Wasserfläche. Wenn eine freie Fläche direkt vor dem Gebäudeeingang liegt, lassen Sie unbedingt die Tür vergrößern, damit das gute Chi in das Gebäude hineinfließen kann. Eine Glastür ist für diesen Zweck optimal. Die Türen im Gebäudeinnern müssen nicht zwingend aus Glas sein. Für die Eingangstür ist Glas jedoch ideal. Der Eingang wirkt dadurch offen und freundlich, er lockt das Chi sozusagen an.

In Singapur ist ein neues Gebäude direkt gegenüber dem freien Vorplatz einer Bank entstanden. Vor dem Haupteingang stehen drei große Statuen, die so aussehen, als wollten sie dem vorübergehen Passanten etwas anbieten. Eine ausgezeichnete Geschäftsidee, weil Besucher und Kunden diese Geste auf die Bank übertragen.

Jedes hohe Gebäude muß einen gut erkennbaren Haupteingang und einen geeigneten Hinterausgang haben. Zu viele Eingänge würden nur verwirren, man erkennt den Haupteingang nicht mehr. Außerdem besteht die Gefahr von wechselhaftem Glück, das im schlimmsten Fall zum Untergang der Firma führt. Zu viele Türen deuten auf fehlendes Orientierungsvermögen hin. Diese Firmen wechseln häufig den Besitzer und ebenso oft ihre Führungsspitze.

Das Gebäude auf dieser Skizze hat ein ausgezeichnetes Feng Shui. Das hintere Gebäude ist höher, und die beiden Bauten auf der Seite bieten Schutz. Der freie Vorplatz symbolisiert den „hellen Saal", und die gekrümmte Straße zum Eingang stellt einen Fluß mit positiver Energie dar.

FENG SHUI FÜR MEHR WOHLSTAND
UNTERNEHMER UND IHRE FIRMENGEBÄUDE

Abriß ist schlecht für Ihr Geschäft

Sanierungseifer kann dem Geschäft schaden. Eine von Singapurs kleinen, aber erfolgreichen Banken erlitt während der großen Finanzkrise in Südostasien dieses Schicksal.

Die Bank war in Familienbesitz, und der älteste Sohn hatte die Sanierung des Firmengebäudes beschlossen. Nach dem Kollaps der Bankgeschäfte mußte er feststellen, daß das Unheil begonnen hatte, als er die Bank samt Firmenschild abriß. Bevor das Gebäude wieder aufgebaut war, schlug die Finanzkrise zu, und die Bank mußte in Konkurs gehen.

Respektieren Sie die Geschichte eines Gebäudes

Die Achtung vor der Geschichte eines Firmengebäudes gehört zu den unumstößlichen Regeln im Geschäftsleben. Gleichgültig, welche Vorteile Ihnen ein Neubau bringt und wieviel das Grundstück an Wert gewonnen hat, auf dem das alte Gebäude steht, der Hauptsitz der Firma sollte heilig sein. Man könnte es also fast auf die Formel bringen: Reiße das Haus ein, in dem das Geschäft Deiner Familie gedieh, und Du fällst das Todesurteil über die Firma.

Widerstehen Sie also jeder Versuchung und respektieren Sie das alte Gebäude, das Ihrer Familie soviel Wohlstand brachte. Renovieren Sie es mit einer neuen Fassade, aber lassen Sie es nicht niederreißen. Sie riskieren sonst den Untergang der Firma.

Es ist nie gut, das alte Firmengebäude einzureißen, um an dessen Stelle ein neues zu errichten. Alte Gebäude verdienen Respekt, denn sie haben dem Unternehmen seit seiner Gründung den Erfolg gebracht. Es ist deshalb besser, es zu renovieren.

Feng Shui im und um das Haus
Der Frontbereich Ihres Hauses

Ein „heller Saal" beschert Ihnen großes Glück

Eine große Eingangstür, die sich zum Garten hin öffnet, lockt Glück ins Haus. Man nennt diesen Bereich den „hellen Saal". Lassen Sie die Tür einige Stunden am Tag offen, damit das Chi leichter ins Haus strömen kann.

Ein „heller Saal" ist im Feng Shui für Ihr Haus von großer Bedeutung. Achten Sie deshalb beim Kauf eines Eigenheims stets darauf, daß sich vor dem Haus eine freie Fläche befindet. Glück ist Ihnen dann so gut wie sicher. Haben Sie ein Haus mit Garten, sollte sich Ihre Eingangstür zum Garten hin öffnen. Pflanzen Sie in diesen Teil des Gartens keine hohen Bäume oder zu viele andere Gewächse. Kleine niedrige Stauden sind gut, Pflanzen von großem Wuchs dagegen ungünstig.

Gutes Chi

In meinem Stadtteil von Kuala Lumpur in Malaysia, gibt es einen sehr gutgehenden Supermarkt. Die Umsätze, die hier erzielt werden, sind so erstaunlich, daß man überall darüber spricht. Außer bestem Service und niedrigen Preisen hat der Supermarkt auch ein gutes Feng Shui. Er hat einen breiten Eingang von ca. 7,5 Meter, der sich direkt auf ein freies Gelände auf der gegenüberliegenden Straßenseite öffnet – ein „heller Saal". Wenn Sie das gute Chi Ihres „hellen Saals" optimal einfangen wollen, muß Ihre Eingangstür groß sein. Nur so kann mehr Wohlstand in Ihr Haus fließen. Lassen Sie die Tür einige Stunden an jedem Tag offen stehen – denn logischerweise kann durch eine geschlossene Tür kein Chi ins Haus strömen und es mit Energie erfüllen.

Im Falle des Supermarkts spielt neben den Türen noch ein weiterer wichtiger Aspekt eine Rolle – die Kassen stehen direkt vor dem „hellen Saal"! Solange das freie Gelände vor dem Eingang auf der anderen Straßenseite brach liegen bleibt und nicht bebaut wird, können hier weiterhin gute Umsätze erzielt werden.

FENG SHUI IM UND UM DAS HAUS
DER FRONTBEREICH IHRES HAUSES

Geschwungene Wege verlangsamen gutes Chi 147

Legen Sie mit dekorativen Trittsteinen geschwungene Wege in Ihrem Garten an. Damit schaffen Sie eine Verbindung zwischen den unterschiedlich gestalteten und bepflanzten Teilen Ihrer grünen Oase. Egal wie klein die Fläche ist, ein solcher Weg verlangsamt die Energie des Drachen, dem stärksten Glückssymbol des Feng Shui, das sie auf diese Weise aktivieren können.

Man kann die unterschiedlichsten Materialien und Formen für die Trittsteine wählen, beispielsweise Betonplatten in Münzenform. Der Weg kann auch mit Kieselsteinen, Holz oder Teer angelegt sein – er sollte nur kurvig und nicht geradlinig verlaufen. Wenn Sie sich bereits für eine gerade Form entschieden haben und diese nachträglich nicht mehr ändern wollen, sollte der Weg nicht unmittelbar vor Ihrer Tür enden. Ein geradliniger Zugang zum Haus kann sich in einen „Giftigen Pfeil" verwandeln, der negative Energie freisetzt.

Mit dekorativen Trittsteinen kann man einen gewundenen Gartenweg anlegen, der bis zur Eingangstür führt. Er verbindet die verschiedenen Teile des Gartens.

Wie die Farben der Blumen Ihr Heim bereichern 148

Blumen im Vorgarten bringen Glück, besonders, wenn dieser Bereich nach Süden, Südosten oder Südwesten weist. Verwenden Sie verschiedene Rottöne, um so die Vorderseite Ihres Hauses zu betonen. Experimentieren Sie mit einer Farbpalette aus dem hellen Rosa der Nelken und Fuchsien bis zum Dunkelrot der Rosen und Pfingstrosen.

Kompaßbereiche Ihres Gartens	günstige Blumenfarben
Norden	Blau, Purpur
Süden	alle Rot- und Gelbtöne
Osten	Blau und Purpur
Westen	Weiß
Südosten	Blau und Purpur
Südwesten	alle Rot- und Gelbtöne
Nordosten	alle Rot- und Gelbtöne
Nordwesten	Weiß

Rote Blumen im Vorgarten locken Yang-Energie ins Haus.

FENG SHUI IM UND UM DAS HAUS

DER FRONTBEREICH IHRES HAUSES

Mit Pflanzen ziehen Sie Yang-Energie an

Ein Garten spielt für die Verbesserung des Feng Shui Ihres Hauses eine große Rolle. Bereits wenige gesunde Blumen können wertvolle Yang-Energie anziehen. Diese vitale Kraft bringt Ihnen Glück.

In einem Heim mit üppig sprießendem Grün spürt man sofort den kosmischen Atem des Drachen. In früheren Zeiten versuchten die Feng-Shui-Meister mit einer besonderen Methode die Höhle des Drachens zu finden: Sie prüften den Pflanzenwuchs an den Berghängen. Dort, wo das Gras besonders kräftig und üppig wuchs, vermuteten sie die Wohnstätte des Grünen Drachens. An Stellen wie diesen, hieß es, könne man den kosmischen Atem, das gute Sheng Chi, am intensivsten spüren.

Auch sogenannte „fehlende Ecken" können Sie symbolisch mit Blumen füllen. Die Skizze zeigt ein Haus in U-Form mit einem freien Platz in der Mitte der beiden seitlichen Flügel. Die Pflanzen dienen zum Ausgleich und zur Harmonisierung des leeren Raumes.

Die Mitte im Raster dieses Gebäudes fehlt. Deshalb wurde sie durch Pflanzen ersetzt. Sie liefern gute Yang-Energie.

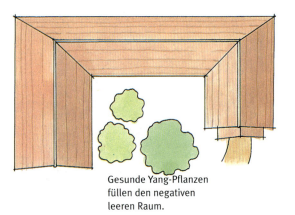

Gesunde Yang-Pflanzen füllen den negativen leeren Raum.

Pflanzenpflege

Gesunde Blumen sind eine Bereicherung Ihres Heims. Im folgenden einige Richtlinien:
- Der Raum unmittelbar vor Ihrer Haustür sollte nicht bepflanzt werden. In diesem Bereich gibt man besser der Wirksamkeit des „hellen Saals" den Vorzug (siehe Tip 116).
- Stauden und Büsche sollten mindestens alle drei Wochen gekürzt werden. Übermäßig wuchernde Gewächse, die ihre Zweige in alle Richtungen strecken, bedeuten schlechtes Feng Shui.
- Entfernen Sie vertrocknete und verwelkte Blumen. Alles Abgestorbene erzeugt Yin und damit negative Feng-Shui-Energie.
- Seien Sie vorsichtig mit dornigen Pflanzen. Sie erzeugen zwar willkommene Schutzenergien, sollten aber trotzdem nicht zu nah an der Eingangstür stehen.
- Der Osten und Südosten Ihres Gartens sollte stets mit üppig blühenden Blumen bewachsen sein. Gesunde Pflanzen in diesem Bereich bringen Ihnen das Glück des Reichtums.

FENG SHUI IM UND UM DAS HAUS
DER FRONTBEREICH IHRES HAUSES

Wie Sie Unglück von Ihrer Eingangstür fernhalten

150

Bestimmte Objekte in Ihrer näheren Umgebung können „Giftige Pfeile" sein, die negative Energie aussenden und ungünstiges Feng Shui bewirken. Sie bringen allen Hausbewohnern Unglück.

Feng Shui hilft Ihnen, verborgene „Giftige Pfeile" in der eigenen Umgebung ausfindig zu machen. Es erfordert einige Erfahrung, diese schädlichen Einflüsse zu erkennen, denn vieles erscheint nur auf den ersten Blick harmlos und unschädlich. Selbst eine offenbar ganz normale Straße kann ein „Giftiger Pfeil" sein, wenn sie auf Ihr Haus zuläuft. Besonders ungünstig ist es, wenn sie geradlinig angelegt ist und zusätzlich direkt auf Ihre Eingangstür weist.

Rechts: Die Zufahrt dieses Hauses hat gutes Feng Shui, weil sie gebogen ist und der Springbrunnen vor der Eingangstür zur Steigerung des Glücks beiträgt. Die Säulenform am Eingang könnte problematisch sein. Doch durch die Art der Gestaltung können keine „Giftigen Pfeile" die Tür treffen.

Gebogener Weg und positive Wasseranlage

Links: Gut ist die geschwungene Zufahrt, aber der Baum gegenüber ist zu groß. Er hat sich zu einem „Giftigen Pfeil" entwickelt und müßte gestutzt werden.

Gebogener Weg – aber der Baum ist ein „Giftiger Pfeil".

Ein gerader Weg zur Tür wird zum „Giftigen Pfeil".

Links: Der geradlinige Weg zur Eingangstür ist ein „Giftiger Pfeil". Es wäre deshalb besser, die Eingangstür zu versetzen. Falls das nicht möglich ist, kann ein achtseitiger Pa-Kua-Spiegel oder ein Windspiel mit fünf Stäben über der Eingangstür das Problem lösen.

Weitere „Giftige Pfeile"
Leicht erkennbare „Giftige Pfeile" in Ihrer Umgebung sind:

- eine geradlinige Straße
- ein dreieckiger Dachfirst
- eine hohe Mauer in unmittelbarer Nähe
- ein Sendeturm
- ein dicker Baumstamm
- ein hohes Gebäude
- eine rechtwinklige Mauerecke

Feng Shui im und um das Haus
Der Frontbereich Ihres Hauses

151 Verwenden Sie kein Wasser in Nähe der Tür

Die Villa eines befreundeten Ministers war umgeben von einem großen „Wassergraben". Um seine Eingangstür zu erreichen, mußte man eine Brücke überqueren. In diesem Gewässer schwammen prächtige japanische Karpfen und wuchsen schöne Seerosen. Ich hatte nicht den Mut, meinem Freund zu erklären, daß Wasser zu beiden Seiten der Eingangstür Tränen verursacht. Ich wollte keinen ungebetenen Rat erteilen. Wenn ich im Nachhinein daran zurückdenke, hätte ich es besser doch tun sollen, denn mein Freund hat in einer wichtigen Wahl eine schmerzliche Niederlage erlitten, mußte schlimme Treuebrüche und demütigende Ereignisse erdulden.

Beachten Sie beim Bau von Wasseranlagen deshalb unbedingt die folgenden drei Punkte:

- Vergewissern Sie sich, daß die Lage Ihres „Wasser-Objekts", z. B. eines Gartenteichs, korrekt ist. Bei all meinen Gesprächen warne ich eindringlich vor dem Bau ohne vorherige sorgfältig Prüfung des Standortes, sei es im Garten oder der Wohnung.
- Zuviel Wasser kann großes Unglück bedeuten. Aus diesem Grund ist Vorsicht gegenüber Swimmingpools im eigenen Garten angebracht. Pools in Klubs und großen Ferienanlagen sind großartig, können aber auf kleinen privaten Grundstücken zu einer ernsten Gefahr werden.
- Halten Sie sich immer an die Feng-Shui-Regel: Kein Wasser zu beiden Seiten der Eingangstür! Das bedeutet Tränen, d.h. ernste Verluste, schwindende Kräfte und manchmal sogar Tod.

Gartenteiche mit Seerosen und Fischen (links) können schön sein, ihr Standort muß aber sorgfältig gewählt werden: Er sollte niemals beidseitig oder rechts vom Haus angelegt werden. Ideal ist nur die linke Seite.

FENG SHUI IM UND UM DAS HAUS

DER FRONTBEREICH IHRES HAUSES

Verwenden Sie Feng-Shui-Gartentore 152

Ihr Gartentor sollte zu 70 Prozent aus massivem Material bestehen. Mein eigenes Tor hat entgegen dieser Empfehlungen allerdings „Löcher" – zum einen, damit ich sehe, wer draußen am Tor steht, zum anderen, um dem Luftzug Durchlaß zu gewähren. Feng Shui empfiehlt bei Toren jedoch eine blickdichte Konstuktion.

Eine sehr günstige Gestaltung des Gartentores ist, wenn der obere Abschluß eine Bogenform darstellt. Dies symbolisiert, daß man alle Ziele erreicht. Ist die Oberkante des Tors jedoch in der Mitte niedriger als an den Seiten, könnte dies auf ernsthafte Schwierigkeiten in der beruflichen Laufbahn hindeuten.

Gartentore mit einem nach unten gewölbten Halbkreisbogen und einem durchbrochenen Muster werden als ungünstig eingeschätzt (links). Nehmen Sie stattdessen ein massives Tor, und wählen Sie eine Form mit einer höheren Mitte (oben).

Die Gartenpforte bildet das Portal zu Ihrem Heim. Sie sollten sicherstellen, daß es nicht von „Giftigen Pfeilen" getroffen wird (siehe Tip 150).

Schützen Sie sich durch Fu-Hunde 153

Zum Schutz gegen jede Art von Unglück findet man in traditionellen chinesischen Häusern häufig vor dem Eingang ein Paar Fu-Hunde. Im Feng Shui findet sich keine Vorschrift, wie groß die Hunde sein müssen. Doch eignen sich allzu kleine Tiere nicht, um ein großes Haus zu bewachen.

Fu-Hunde stellt man am besten an einem erhöhten Platz auf. Sie können sie auch auf Tischhöhe stellen, niemals aber sollten sie auf dem Boden stehen. Man kann sie überall in chinesischen Tonwaren- und Keramikgeschäften kaufen. Sowohl Taiwan als auch China exportieren seit einigen Jahren wunderschöne traditionelle Fu-Hunde.

Meine eigenen Fu-Hunde sind aus Keramik und haben eine Höhe von 60 cm. Sie stehen erhöht zu beiden Seiten des Tors.

Feng Shui im und um das Haus
Der Frontbereich Ihres Hauses

Ein geräumiges Foyer erzeugt ein gutes Feng Shui

Besonders gutes Feng Shui im Eingangsbereich oder Flur Ihres Hauses entsteht unter anderem durch folgende, in der Skizze aufgezeigten Gestaltungsmittel:

- Die Tür besteht aus zwei Flügeln, wovon einer größer sein sollte als der andere. Dies ist ein glückbringendes Merkmal.
- Öffnet sich die Tür auf eine mehrere Meter entfernte Wand hin, ist dies ungünstig. Deshalb sollte man z. B. Hängepflanzen zwischen Wand und Tür anbringen.
- Pflanzen sollten immer blühen. Wenn eine abzusterben droht, tauscht man sie einfach aus. Sie erzeugen positive Energie für den kleinen „hellen Saal".
- Ein thailändischer Buddha ist die Schutzgottheit für Reichtum und Gewinn. In Thailand glaubt man, daß er – im Vorraum plaziert – gutes Chi anlockt.
- Viele Chinesen glauben, das Koi-Bassin sollte sich links von der Tür befinden. Wäre es rechts, würde der Ehemann auch auf andere Frauen als auf seine eigene ein Auge werfen.
- Eine Pflanze verdeckt Wandvorsprünge.
- Der Spiegel reflektiert nicht die Eingangstür. Er versetzt optisch die Wand nach hinten und gleicht dadurch die „fehlende Ecke" aus.

Es gibt Häuser mit zwei Eingangstüren, insbesondere dann, wenn die Eheleute verschiedene Sheng-Chi-Himmelsrichtungen haben. Was für den einen gut ist, kann für den anderen schädlich sein und umgekehrt. Unter Umständen kann ein Haushalt von zwei Eingangstüren enorm profitieren.

Gutes Feng Shui
A Türflügel, einer davon geöffnet.
B Positive, gesunde Hängepflanzen verdecken die Mauer.
C Ein Buddha zur Steigerung von Reichtum und Wohlstand.
D Ein Koi-Bassin links von der Tür.
E Eine Pflanze verdeckt die Eckkante.
F Ein Spiegel versetzt die Wand optisch nach hinten.

FENG SHUI IM UND UM DAS HAUS

DER FRONTBEREICH IHRES HAUSES

Stellen Sie einen Hausaltar auf

155

Viele chinesische Häuser haben einen Altar. Die Chinesen glauben, der beste Platz dafür sei die Eingangshalle direkt gegenüber der Eingangstür, so daß gleich beim Betreten des Hauses der Blick von Bewohnern und Besuchern auf ihn fällt. Sie können Ihn aber auch im Nordwest-Bereich des Hauses oder des Zimmers aufstellen, weil diese Richtung den Himmel symbolisiert.

Halten Sie den Altar immer sauber. Räucherstäbchen und Weihrauch sollte man niemals herumliegen lassen. Dies ist besonders wichtig, wenn der Altar direkt gegenüber der Eingangstür steht.

Die Götterstatue auf dem Altar sollte immer einen erhöhten Standort einnehmen. Um positive Chi-Energie anzuziehen, eignen sich am besten brennende Kerzen. Sie sind weitaus wirkungsvoller als Leuchter. Achten Sie darauf, daß die Kerzen nie verlöschen, sondern durchgängig brennen.

Wollen Sie, wie in China üblich, einen Hausaltar aufstellen, wählen Sie dafür den Nordwest-Bereich gegenüber der Eingangstür. Halten Sie den Altar stets sauber, und entfernen Sie die abgebrannten Weihrauchreste.

Der Hausaltar

Falls Sie einen Hausaltar haben, beachten Sie die folgenden Punkte, um Unglück zu vermeiden:

- Die Götterstatue oder das Götterbild sollte nicht an der Außenwand der Toilette stehen.
- Das Götterbild sollte nicht unter einer Toilette im darüberliegenden Stockwerk stehen.
- Die Statue sollte nie auf die Toilettentür blicken. Diese Ausrichtung könnte das Unglück anziehen.

- Das Bildnis sollte nie unter einem vorstehenden Deckenbalken aufgestellt sein.
- Die Statue sollte nicht auf eine Treppe blicken.
- Die Statue sollte nie unter einer Treppe stehen. Die Hausbewohner würden über sie hinwegsteigen.
- Die Statue sollte nicht in einem Schlafzimmer stehen, in dem regelmäßig Geschlechtsverkehr stattfindet.
- Die Statue sollte in einem Gehäuse stehen oder zumindest unter einer Überdachung.

156 Die Eingangstür als Glücksbringer

Ein Bassin links von der Eingangstür (von innen gesehen) bringt Glück. Setzen Sie Karpfen, Goldfische und gesunde Pflanzen hinein. Ein Filter sollte das Wasser immer sauber halten – nur so wird positive Yang-Energie erzeugt.

Neben dem Schutz der Eingangstür, insbesondere vor der negativen Energie „Giftiger Pfeile" (siehe Tip 150), ist die Gestaltung des Eingangsbereichs mit glückbringenden Gegenständen von großer Bedeutung.

Ein Gartenteich in der Nähe der Eingangstür wirkt sich außerordentlich positiv aus. Sie können aber auch einen kleinen Springbrunnen, einen künstlichen Wasserfall oder ein Fischbassin wie auf der Abbildung verwenden. Stellen Sie Pflanzen und Blumen an den Rand. Wenn Sie den ganzen Tag von fließendem Wasser umgeben sind, erhalten Sie ständig frische Yang-Energie.

Legen Sie das kleine Gewässer links von der Eingangstür (von innen aus gesehen) an und setzen Sie Karpfen, Goldfische, Arowanas oder Wasserschildkröten hinein. Bitte halten Sie niemals Fische und Wasserschildkröten gemeinsam in einem Teich! Entscheiden Sie sich, welcher von beiden Tierarten Sie den Vorzug geben.

Es ist wichtig, daß ein Wasserfilter Tag und Nacht in Betrieb ist, um das Wasser stets sauber zu halten. Füttern Sie Ihre Fische mit reichhaltiger Proteinnahrung und Vitaminen. Denn nur gesunde Fische bringen Glück.

157 Trennen Sie Eingang und Toiletten

Toiletten bringen Unglück, wenn sie sich in der Nähe der Eingangstür befinden. Wenn man sie vom Eingang aus sehen kann, sollten Sie sie in einen anderen Hausbereich verlegen. Es genügt aber auch, die Toilettentür an eine andere der drei Wände zu verlegen. Wenn beide Lösungen für Sie nicht umzusetzen sind, stellen Sie zumindest einen Raumteiler auf (ein Vorhang ist nicht dicht genug), um die Toilettentür vom Eingangsbereich zu trennen.

Auch direkt über dem Eingangsbereich liegende Toiletten bringen Unglück. Ihre negative Energie durchdringt die Decke und fließt nach unten. Dabei wirkt sie negativ auf die Eingangstür ein. Sollten Sie vor diesem Problem stehen, versetzen Sie entweder die Toilette oder die Eingangstür. Bei der Planung eines neuen Badezimmers sollten Sie sicherstellen, daß die Haustür nicht von einer darüberliegenden Toilette negativ beeinflußt wird.

Falls Sie weder das eine noch das andere umsetzen können, hängen Sie ein Licht an die Decke des Eingangsbereiches, das symbolisch das schlechte Chi von der Haustür abhält. Dies hilft allerdings nur bedingt – ist aber auf jeden Fall besser, als nichts zu unternehmen.

Der Standort Ihrer Toilette ist sehr wichtig. Man sollte sie abschirmen, wenn sie im Blickfeld der Eingangstür liegt.

Was Sie bei der Haustür vermeiden sollten

Das Feng Shui der Haustür ist besonders wichtig und sollte stets beachtet werden. Der Eingang ist das „Kou" – der „Mund" Ihres Wohnbereichs. Durch ihn kommt das Glück zu Ihnen. Es ist aber auch der Ort, an dem die Gunst des Schicksals in Unglück umschlagen kann.

Es reicht nicht, nur glückbringende Gegenstände nahe der Haustür aufzustellen. Beachten Sie vielmehr auch Dinge, die sich unter keinen Umständen in der Nähe des Eingangs befinden dürfen. In erster Linie ist hier die Toilette zu berücksichtigen.

Die Eingangstür sollte sich auf einen großen weiten Raum hin öffnen – am besten auf das Wohnzimmer. Beim Eßzimmer würden die Bewohner nur ans Essen denken. Öffnet sie sich zur Küche, wird das ganze Glück der Familie weggespült. Zudem symbolisiert es Rivalitäten und eine Menge Ärger im Haushalt. Liegt ein Schlafzimmer in der Nähe, macht dessen Yin-Energie die Bewohner teilnahmslos und träge.

Ihre Eingangstür sollte sich am besten auf eine weite Halle oder auf ein Foyer hin öffnen. Sie sollte nicht einer anderen Tür gegenüberliegen, da sonst das Chi hindurcheilt. Ein Wandschirm kann dies verhindern. Auf dieser Abbildung ist die Treppe seitlich von der Tür. Das bedeutet gutes Feng Shui.

Weitere Richtlinien für die Eingangstür

- Die Eingangstür sollte sich nicht auf einen beengten Raum hin öffnen. Wenn Flur oder Eingangshalle zu klein sind, hängen Sie einen Spiegel auf, aber nie an der Wand gegenüber der Eingangstür.
- Die Eingangstür sollte sich nicht auf einen langen geraden Flur hin öffnen. Das wirkt wie ein „Giftiger Pfeil", der jeden Tag beim Verlassen des Hauses auf Ihren Rücken und bei der Heimkehr auf Ihr Herz zielt. Ein Wandschirm – wie in der Abbildung – blockt die „tödliche Energie" ab.
- Wenn Ihre Eingangstür auf einer Linie mit zwei weiteren Türen liegt, so strömt Energie ungehemmt hindurch und verwandelt sich in „tödliche Energie". Ein Wandschirm bremst den Strom.

Feng Shui im und um das Haus
Der Frontbereich Ihres Hauses

159 Vermeiden Sie gefährliche Pfeiler

Sie können mit Flöten oder mit anderen kleinen Musikinstrumenten das Chi in Ihr Haus locken. Mit dem Bild eines Musikers erreichen Sie dasselbe.

Rechteckige Pfeiler, die der Eingangstür direkt gegenüberstehen, erzeugen mit ihren scharfen Kanten „Giftige Pfeile", die das eintretende Glück angreifen. Sie können das Problem mit schönen Grünpflanzen lösen, deren Blätter wirkungsvoll die gefährlichen scharfen Kanten verdecken.

Pflanzen

Jede Blumenart eignet sich, um die negative Energie von Pfeilerns oder scharfen Ecken abzublocken. Wichtig ist, daß sie einen üppigen Wuchs haben. Eine künstliche Pflanze erfüllt diesen Zweck genauso. An die Wand gegenüber der Eingangstür habe ich in meiner Wohnung ein Gemälde mit drei flötespielenden Schönheiten gehängt. Das ist eine gute Möglichkeit, Sheng Chi anzulocken. Sie können auch andere Bilder, Poster oder Drucke mit Musikern verwenden. Das Glück mit Musik Willkommen zu heißen, ist eine sehr alte asiatische Tradition, deren Ursprünge im Feng Shui liegen.

Säulen im Haus können sehr attraktiv wirken. Rechteckige Pfeiler senden jedoch unheilvolle „Giftige Pfeile" aus. Stellen Sie fest, wohin die Pfeile zielen. Große gesunde Pflanzen vor diesen bedrohlichen Ecken sind ein geeignetes Hilfsmittel.

Was Sie bei Treppen beachten sollten

Das Treppenhaus wird leider häufig vernachlässigt. Das ist schade, denn es gibt einige gute Möglichkeiten, das Feng Shui einer Treppe zu verbessern. Schließlich soll das Glück angelockt werden und in die Wohnräume der Familie aufsteigen.

Halten Sie den Treppenflur ständig beleuchtet, weil dadurch das Chi leichter hinauffließen kann.

Hängen Sie ein Bild mit positiver Ausstrahlung an die Wand am Treppenabsatz. Ich habe beispielsweise hier eine Wandtafel mit dem glückbringendem chinesischen Schriftzeichen „Fook" angebracht.

Wenn dieser Bereich zu schmal ist, kann man ihn mit einem großen Spiegel optisch verbreitern. So kann mehr Glück den Weg nach oben finden.

Auch eine Vase mit Pfauenfedern auf dem Treppenabsatz lockt das Glück leichter nach oben.

Offene Treppenstufen bedeuten materiellen Verlust, da das Geld symbolisch hindurchfällt. Treppenstufen sollten deshalb auch immer massiv und geschlossen sein. Ist dies bei Ihnen nicht der Fall, schließen Sie sie eventuell mit einigen Brettern aus massivem Holz.

Das Chi stärken

Positive Energie muß angeregt werden, durch das ganze Haus zu fließen. Achten Sie deshalb darauf, daß:

- die Treppenstufen keine Durchlässe haben
- die Treppe gut beleuchtet ist, um glückbringendes Chi anzulocken
- sich ein einladendes Objekt, wie z.B. ein positives Bild oder die Darstellung eines Glückssymbols, im Treppenflur befindet
- Sie einen Spiegel aufhängen, damit ein schmaler Treppenabsatz optisch verbreitert wird

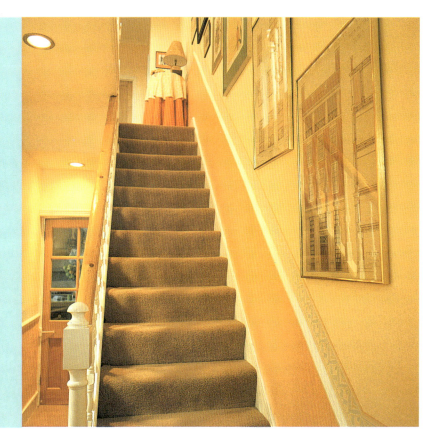

Feng Shui im und um das Haus
Innengestaltung Ihres Hauses

161 Verdoppeln Sie das Glück Ihres Eßzimmers

Das Eßzimmer Ihrer Familie kann besonders günstig gestaltet werden, indem Sie eine Wand des Zimmers vollständig verspiegeln. Das nebenstehende Bild zeigt den Eßtisch meiner eigenen Familie. Er ist relativ klein. Die Spiegelwand vergrößert ihn optisch, so daß wir, wenn wir daran essen, Speisen im Überfluß haben – eine ausgezeichnete Feng-Shui-Symbolik. Der Spiegel verdoppelt darüber hinaus den Nahrungsreichtum auf dem Tisch.

In China liebt man runde Eßtische, weil diese Form das Metall-Element repräsentiert, was Gold, Silber oder Geld bedeutet. Die runde Form symbolisiert zudem das Glück des Himmels. Aber auch quadratische und rechteckige Tische sind vorteilhaft.

Gut ist, wenn sich das Eßzimmer zu einem kleinen Hof hin öffnet. Das zieht das Glück ohne Umwege in diesen Teil des Hauses, an dem sich die Familie täglich versammelt: Stellen Sie Blumen und Pflanzen mit Früchten in den Hof. Blühende Orangen- oder Zitronenbäumchen sind insbesondere für diesen Zweck ideal.

Hier sehen Sie den runden Eßtisch meiner Familie. Ein Spiegel über die ganze Wandbreite verdoppelt die Speisen auf dem Tisch.

Fuk, Luk, Sau
So heißen die Götter der Gesundheit, des Reichtums und der Langlebigkeit. Sie können das Eßzimmer wundervoll ergänzen. Am besten stellen Sie sie auf einen hohen Seitentisch. Die Götter sorgen dafür, daß Ihre Familie immer genug zu essen hat, gesund bleibt und die Speisen genießen kann. Die Statuen können aus Keramik oder Metall sein und sind auch in Deutschland erhältlich.

Der richtige Standort für Ihre Küche

Küchen sind keine Orte, die Glück erzeugen. Allerdings eignen sie sich hervorragend, um Unglück fernzuhalten. Wenn also in einem bestimmten Jahr eine spezielle Himmelsrichtung – entsprechend den Feng-Shui-Regeln – Unglück bedeutet, kann der optimal gewählte Standort der Küche das Unglück unter Kontrolle halten. Ähnliches gilt für Ihre KUA-Richtungen (siehe Tip 2): Wenn eine bestimmte Himmelsrichtung Unglück bedeutet, kann es Ihre in diesem Bereich eingerichtete Küche abwenden.

Allein schon aus Feng-Shui-Sicht ist die Küche deshalb überaus nützlich, um dem Unglück im Wohnbereich erfolgreich zu begegnen.

Der Herd

Ofen oder Kochherd sollten nie im Nordwesten der Küche stehen. Das bedeutet, „Feuer an die Himmelspforte" zu legen und somit Unglück heraufzubeschwören. Konkret könnte das heißen: Entweder Ihr Haus brennt vollständig ab, oder Sie erleiden einen schweren finanziellen Verlust. Nehmen Sie diese Regel besonders ernst, da diese Unglücke zu gravierenden Einschnitten in Ihrem Leben führen können. Beachten Sie auch, daß der Herd nicht direkt neben dem Spülbecken, dem Kühlschrank oder der Waschmaschine stehen soll. Dadurch entwickelt sich ein Konflikt zwischen den Elementen Feuer und Wasser. Streit und Mißverständnisse in der Familie sind die Folge. Die Situation kann sich noch verschlimmern, wenn sich diese beiden Elemente direkt gegenüberstehen.

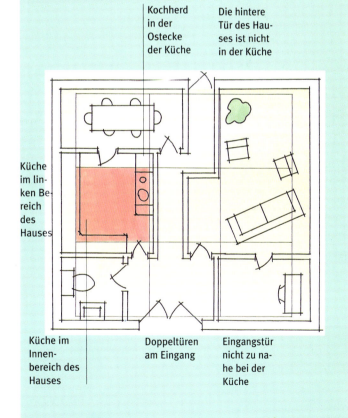

Richtlinien für Küchen

- Die Küche sollte im Innenbereich des Hauses liegen.
- Sie sollte nie zu nahe an der Eingangstür liegen.
- Der optimale Bereich für die Küche ist im linken Teil des Hauses (bei Eintritt ins Haus). Das hält den Weißen Tiger unter Kontrolle.
- Die Hintertür des Hauses sollte nicht in der Küche liegen.
- Keine Spiegel oder Spiegelkacheln in der Küche. Das kann der Familie ernsthafte Nachteile bringen.
- Küchen sollten wenigstens ein Fenster haben. Fensterlose Küchen sind unpraktisch und bedeuten schlechtes Feng Shui.

Kochherd in der Ostecke der Küche

Die hintere Tür des Hauses ist nicht in der Küche

Küche im linken Bereich des Hauses

Küche im Innenbereich des Hauses

Doppeltüren am Eingang

Eingangstür nicht zu nahe bei der Küche

FENG SHUI IM UND UM DAS HAUS
INNENGESTALTUNG IHRES HAUSES

163 Verbessern Sie den Chi-Fluß in Ihrem Zimmer

Guter Energiefluß
Offene Räume vermitteln ein Gefühl von Helligkeit und Weite. Beim Betreten des Raumes sollte der Blick auf eine Wand und nicht auf ein Fenster fallen. Das verhindert das schnelle Austreten der Chi-Energie. Stellen Sie die Möbel so, daß der Chi-Strom sie harmonisch umfließt (links und unten).

Im Wohnzimmer sollte es wenigstens eine durchgehende Wand geben – diese sollte der Tür gegenüberliegen. Das fördert den Strom positiver Chi-Energie innerhalb des Zimmers. Ein gegenüberliegendes Fenster indessen läßt den Energiestrom wirkungslos wieder abfließen.

Die Raumaufteilung sollte so angelegt werden, daß Sie nicht in gerader Linie von einem Zimmer zum anderen gehen können. Dadurch wird auch der Chi-Fluß in eine schwingende glückbringende Bahn gelenkt. Aus diesem Grund sollten Sie beim Neubau eines Hauses die Türen immer diagonal zueinander planen.

Durchgänge
Wie Sie auf der Abbildung sehen können, sind die Zimmer durch große breite Durchgänge miteinander verbunden. Das gibt ein Gefühl der Weiträumigkeit. Außerdem ermöglicht es das Aufstellen von Pflanzen und Möbeln, um einen geschwungenen Energiefluß zu erzeugen. Die meisten Wände in Häusern sind nicht unbedingt nötig. Große Durchgänge ermöglichen einen besseren Energiefluß als viele kleine, durch Türen verbundene Zimmer.

Entschärfen Sie Ecken und Balken 164

Man kann im Feng Shui unmöglich alles richtig machen. Ich beispielsweise habe in meinem Haus eine große Anzahl an vorstehenden Ecken und offener Deckenbalken. Diese nach Feng-Shui-Gesichtspunkten schlechte Situation ist Resultat ständiger Erweiterungen und Umbauten, da sich im Laufe der Zeit unser Geschmack und unsere Ansprüche grundlegend verändert haben.

Diese Art negativer Energien entschärfen Sie am besten mit Windspielen. Achten Sie außerdem darauf, daß niemand am Tisch direkt unter einem Balken sitzt, verrücken Sie einfach den Tisch.

Ecken mit Pflanzen verbergen
Pflanzen mit üppigem Wuchs können Wandvorsprünge besonders wirkungsvoll abschirmen. Ich habe alle meine Ecken mit Pflanzen „entschärft". Sie halten gewöhnlich nur sechs Monate, dann erliegen sie den „Giftigen Pfeilen" der Ecke. Sie verwelken und müssen ersetzt werden. Nach den Regeln des Feng Shui können Sie aber auch künstliche Pflanzen verwenden, die in der selben Weise positiv wirken wie echte.

Balken geben negative Energie ab und sind deshalb im Feng Shui keine günstigen Bauelemente. In diese Küche sollte man Windspiele hängen, um schlechtes Shar aufzulösen. Der Tisch wurde vom Balken weggerückt. Dadurch sind die Familienmahlzeiten harmonischer.

Steigern Sie Ihr Glück mit zusätzlichen Türen 165

Mit einer zweiten Haustür verbessern Sie wirkungsvoll das Feng Shui Ihres Hauses. Sie sollte in jenem Bereich des Hauses sein, dessen vorherrschendes Element das Element der Eingangstür unterstützt oder erzeugt (siehe Tip 11). Wenn zum Beispiel die Haustür nach Süden weist, und dies Ihre persönliche glückbringende Himmelsrichtung ist, dann würde eine zweite Haustür im Osten oder Südosten das Glück des ganzen Hauses steigern. Der Grund: Das Element von Osten und Südosten ist Holz; Holz erzeugt das Feuer-Element des Südens. Folglich harmonieren beide Elemente miteinander.

Zwei Türen im Einklang

Eingangstür	zweite Tür
Süden	Osten und Südosten
Norden	Westen und Nordwesten
Osten oder Südosten	Norden
Westen oder Nordwesten	Südwesten oder Nordosten
Südwesten/ Nordosten	Süden

Verbessern Sie das Feng Shui des Schlafzimmers

Es ist manchmal schwierig, das eigene Feng Shui in jeder Hinsicht richtig zu gestalten. Mein Bett steht unter einem Fenster, weil dies meine günstigste Richtung ist. Und jede andere Position hätte bedeutet, unter einem Deckenbalken schlafen zu müssen. Mein Arrangement war also genau genommen die beste Feng-Shui-Lösung.

Die Stellung des Bettes war zwar für mich eigentlich sehr günstig, aber ich litt aufgrund unausgeglichener Energien trotzdem gelegentlich an Schlaflosigkeit: Die meiste Zeit schlief ich mit zugezogenen Vorhängen, um das Fenster zu „schließen". Das entschärfte das Problem in gewisser Weise.

Weil man nicht alles hundertprozentig feng-shui-gerecht einrichten kann – auch nicht mit Hilfe eines Feng-Shui-Beraters – ist es am besten, Sie sind sich darüber bewußt,

Erholsame Schlafzimmer
Die folgenden Tips können das Feng Shui Ihres Schlafzimmers verbessern:
- Verlegen Sie alle Schlafzimmer in den oberen Bereich des Hauses.
- Die Türen der Schlafzimmer sollten einander nicht direkt gegenüberliegen. Das führt zu Auseinandersetzungen unter den Bewohnern.
- Der Grundriß des Schlafzimmers sollte nicht ausgefallen sein. L-förmige Räume mit angeschlossenem Badezimmer sind nicht günstig. Quadratische und rechteckige Grundrisse sind am besten.
- Das Bett im Schlafzimmer sollte nie zwischen Zimmertür und Toilettentür stehen.
- Stellen Sie das Bett diagonal zur Zimmertür.
- Schlafen Sie nicht mit Füßen oder Kopf in Richtung Zimmertür.
- Die Zimmertür sollte nicht direkt gegenüber einer Treppe, einer Toilette oder einer scharfen Mauerkante liegen.
- Stellen Sie das Bett nicht unter einen vorstehenden Deckenbalken.
- Stellen Sie das Bett nicht unter ein Fenster. Das bewirkt unruhigen Schlaf.

Schlafzimmer sollten sehr einfach ausgestattet sein, da sie ein Ort der Ruhe sind. Stellen Sie das Bett diagonal gegenüber der Zimmertüre auf – jedoch nicht, wenn sich hier ein Fenster befindet.

daß im Feng Shui viele verschiedene Wege zum Ziel führen. Sie sollten daraus den für Sie besten und auch durchführbaren wählen.

Die Berechnung von Himmelsrichtungen und Standorten nach der Tabelle in Tip 1 und 2 kann äußerst hilfreich sein. Wenn Sie das Ergebnis aber auf Ihr derzeitiges Schlafzimmer nicht übertragen können, müssen Sie eben eine andere der vielfältigen Methoden zur Verbesserung Ihres Feng Shui einsetzen.

FENG SHUI IM UND UM DAS HAUS

INNENGESTALTUNG IHRES HAUSES

Vermeiden Sie zu viele Außenecken und Säulen

167

Häuser und Gebäude mit zu vielen Ecken und Vorsprüngen senden „Giftige Pfeile" und „tödliche Energie" aus. Nachbarn werden dadurch negativ beeinflußt und ergreifen womöglich Gegenmaßnahmen, die sich wiederum auf Sie negativ auswirken können. Am Ende leiden vermutlich alle Beteiligten darunter, und großes Unglück ist die Folge.

Ecken

Wenn Sie den Bauplan Ihres Hauses selbst bestimmen können, versuchen Sie die Anzahl der Ecken zu reduzieren. Weniger Ecken und regelmäßige Formen sind aus Feng-Shui-Sicht vorteilhafter.

Säulen

Säulen im unteren Stockwerk des Hauses sehen zwar gut aus. Diese Häuser auf „Stelzen" sind im Feng Shui aber äußerst ungünstig. Denn Säulen ohne Wände lassen das glückbringende Chi ungehindert durchziehen, ohne daß es sich im Haus sammeln kann. Geschäfte in einem solchen Gebäude überleben selten länger als drei Jahre. Es fehlt ihnen das Fundament. Zwischen den Säulen sollte man Wände ziehen und so neue Räume schaffen.

Das Feng Shui der Säulen

Dieses modern gestaltete Gebäude hat angenehme Kurven und nur wenige scharfe Ecken. Die Stützsäulen unten lassen jedoch glückbringendes Chi weiterfließen, ohne daß es sich im Inneren sammeln kann. Geschäfte in einem solchen Gebäude überleben selten länger als drei Jahre, weil das Fundament fehlt. Die Zwischenräume sollte man mit Wänden schließen und im unteren Stockwerk Geschäfte oder kleine Büros einrichten.

Feng Shui im und um das Haus
Innengestaltung Ihres Hauses

Das richtige Dach als Schutz und Schirm

Eine der Hauptregeln des Feng Shui bezieht sich auf den Schutz des Hauses. Damit Ihnen Ihr Wohnbereich auch Glück bringt, muß er ein sicheres Dach haben, das Schutz bietet vor Wind, Regen und Sonne.

Häuser mit flachen Dächern bieten unzureichenden Schutz. Deshalb ist es ratsam, ein dreieckiges Satteldach zu wählen, von dem das Regenwasser abfließen kann und sich nicht ansammelt. Das Satteldach kann aber auch zu Problemen führen, wenn eine Spitze des Dreiecks direkt auf die Tür des Nachbarn zielt. Vermeiden Sie dies, denn es könnte passieren, daß Ihr Nachbar ebenfalls Feng Shui anwendet und die negative Energie Ihres Daches mit einem Pa-Kua-Spiegel abwehrt. Sie wären dann den schädlichen Energien wieder selbst ausgesetzt, die der Spiegel auf Sie zurückwirft.

Blaue Dachziegel

Eine der vier Gefahren im I Ging wird als „Wasser auf der Bergspitze" bezeichnet.

Im Feng Shui verursacht Wasser, das sich vom Gipfel des Berges ergießt, Verlust, Hunger und Tod. Wasser auf dem Dach ist deshalb extrem schlechtes Feng Shui. Blaue Dachziegel symbolisieren Wasser. Menschen, die unter solchen Dächern leben, erleiden enorme Verluste und Kummer. Am besten nimmt man rotbraune oder rote Ziegel.

Pyramidenförmige Dächer

Diese Dachform ist in den letzten Jahren sehr beliebt geworden. Die Form sendet geheimnisvolle starke Yin-Energie aus.

Für Museen und andere Baukomplexe, die Yin-Energie benötigen, ist sie günstig. Nicht dagegen für Yang-Komplexe, wo sie Verluste und Krankheit bewirken kann. Sie ist somit ungeeignet für Bürogebäude und Einkaufszentren.

Dreieckige Satteldächer sind ein guter Schutz für das Haus, weil sie Regenwasser ableiten. Rote oder rotbraune Dachziegel sind besser als blaue, die Wasser und Unglück symbolisieren.

Bildnachweis

Autorin und Verlag danken
den folgenden Personen und
Agenturen für die Abdruckge-
nehmigung ihres Bildmaterials:

Abode: S. 13 oben, 30 unten, 47, 88,
149, 155.; Jane Burton/Bruce Coleman:
S. 93, 144; Camera Press: S. 52, 95;
Brian Carter/Garden Picture Library:
S. 142; Centennial Publishing Plc: S. 19,
25, 30 oben, 31, 43, 44, 53, 56, 61, 64,
72, 98, 117, 119, 120 unten, 147, 150
unten, 156, 157; Christie´s Images:
S. 29, 38, 48 oben, 63 rechts, 75 unten,
103, 108 oben, 120 oben, 126; Peter
Cooke/View: S. 100, 124-125; Liz
Eddison/Bruce Coleman: S. 18; Chris
Gascoigne/View: S. 84, 89, 90-91, 127
oben u. unten; Jonas Grau/Eye
Ubiquitous: S. 76; Juliet Greene/Garden
Picture Library: S. 20; Jerry Harpur:
S. 23, 58 rechts, 81, 141 oben, 145 links;
Sunniva Harte/Garden Picture Library:
S. 129; Nick Hufton/View: S. 32 unten,
148 unten; Jacqui Hurst/Garden Picture
Library: S. 26 rechts; Ken Lucas/Planet
Earth Pictures: S. 121; Robert
Maier/Bruce Coleman: S. 21; Mayer/Le
Scanff/Garden Picture Library: S. 141
unten; Popperfoto: S. 37, 55;
Powerstock/Zefa: S. 11, 79, 123, 135,
137; Hans Reinhard/Bruce Coleman:
S. 85; Jens Rydell/Bruce Coleman: S. 63;
Fritz von der Schulenburg/Interior
Archive: S. 13 unten, 15, 28, 32 oben,
35, 39, 40, 51, 108 unten, 111, 131
rechts, 154 links; Sotbeby´s, London:
S. 109; Tony Stone Images: S. 17, 49,
50, 58 links, 60, 65, 74, 78, 80, 92,
97, 99, 101 unten, 104, 106, 107, 112,
132, 134, 136, 139, 140, 158;
Friedrich Strauss/Garden Picture
Library: S. 26 links; Telegraph Colour
Library: S. 33, 57, 73, 87 unten, 102,
128, 130-131, 133; V&A Picture
Library: S. 54, 75 oben; Elizabeth
Whiting Associates: S. 34, 41, 70, 86,
110, 113, 145 rechts, 148 oben, 150
unten, 151, 154 rechts; Andrew
Wood/Interior Archive: S. 22.